在线品牌社群：移动互联网时代价值共创新载体

陈慧 杨宁 陈艳军 著

人民邮电出版社
北京

图书在版编目（CIP）数据

在线品牌社群 ： 移动互联网时代价值共创新载体 / 陈慧，杨宁，陈艳军著. -- 北京 ： 人民邮电出版社，2020.11(2024.7重印)
ISBN 978-7-115-55122-1

Ⅰ. ①在… Ⅱ. ①陈… ②杨… ③陈… Ⅲ. ①企业管理－品牌战略－研究 Ⅳ. ①F272.3

中国版本图书馆CIP数据核字(2020)第201696号

内 容 提 要

移动互联网时代，企业传统的价值创造体系与市场营销体系被彻底颠覆，在线品牌社群作为新时代企业变革价值创造方式与营销渠道的创新平台得到社会各界的广泛关注。本书内容详实，主要讨论了移动互联网对现代商业的影响与变革、在线品牌社群的诞生与内涵以及在线品牌社群的价值及在线品牌社群的构建方式、运营规则、红利变现与成功案例，最后主要讨论了在线品牌社群未来的发展方向与关键特征。本书意在为从事相关工作的读者提供一些建议与启示。

◆ 著　　　陈　慧　杨　宁　陈艳军
责任编辑　李　静
责任印制　彭志环

◆ 人民邮电出版社出版发行　　北京市丰台区成寿寺路 11 号
邮编　100164　　电子邮件　315@ptpress.com.cn
网址　https://www.ptpress.com.cn
固安县铭成印刷有限公司印刷

◆ 开本：700×1000　1/16
印张：12　　　　2020 年 11 月第 1 版
字数：190 千字　　　　2024 年 7 月河北第 2 次印刷

定价：79.00 元

读者服务热线：(010)53913866　印装质量热线：(010)81055316
反盗版热线：(010)81055315

前言

移动互联网彻底改变了人们的生活方式。对企业而言，移动互联网最大的影响莫过于变革了企业传统的营销体系与渠道。移动互联网时代最大的特质包括连接与创新，而依托移动互联网发展的在线品牌社群由于拉近了企业与顾客、顾客与顾客之间的距离，创新了传统的营销渠道与方式，从而成为移动互联网时代企业构建营销体系的新版图。企业界与学术界对在线品牌社群的产生、运营与发展展开了讨论与研究，为人们认识与理解这一新事物提供了启发。但在瞬息万变、创新至上的时代，任何一个观点可能在产生的那一刻便已经过时，因此本书在已有管理实践与理论研究的基础上，系统梳理、探究在线品牌社群的过去、当下与未来，以期为人们更加深刻地理解这一新事物提供一些帮助。

首先，本书详细地讨论了在线品牌社群的“过去”，即，移动互联网的发展对商业规则和企业发展产生的影响、在线品牌社群的诞生与特征，以及在线品牌社群的内在价值与市场前景；其次，本书系统地总结并解读了在线品牌社群的“当下”，其中包括在线品牌的构建逻辑、生命周期、运营规则、红利变现及成功案例；最后，作者预测了在线品牌社群的“未来”，经过对在线品牌社群过去与当下的理解与剖析，本书展望了在线品牌社群未来的发展趋势与核心特征。总体而言，本书在已有管理实践与理论研究的基础上，对在线品牌社群进行了全面的分析与总结。

移动互联网将我们带入了一个前所未有的大变革时代，这个时代充满了挑战与机遇，任何个人、企业、组织、国家都不可能置身事外。应对时代变革最好的方式是去接受并拥抱变革。对于企业发展而言，颠覆传统的营销体系与渠道势在必行，在新的体系与渠道尚未成熟之前，任何探索与尝试都是值得去做的。在线品牌社群诞生至今不足10年，其发展还尚未成型，谁能在这一领域占得先机，便可能会创造一片新的广阔的“蓝海”。希望本书能为从事相关工作的读者提供启示。

由于作者水平有限，书中的疏漏之处在所难免，敬请读者批评指正。

编者

2020年9月

目录

基础篇

基础篇

第1章 移动互联网时代带来的冲击

1.1 商业规则发生变化

移动互联网的发展给世界带来了颠覆性的改变，同时也代表着一个时代——移动互联网时代的来临。从根本上讲，互联网时代是对传统工业时代的革新，而移动互联网时代则是互联网时代发展的新阶段，也是目前为止最高级的阶段。互联网时代对传统时代的革新体现在生活的方方面面。在移动互联网时代，人们将更多的信息存储在互联网上，并从互联网上获取信息。

互联网时代的核心特征是创新，它犹如空气一样，充满了现代社会的每一个角落。现代化的商业环境对企业来说是不可忽视的，新技术日新月异且被快速应用，消费者积极拥抱移动互联网时代的到来，任何一个以消费者为导向的企业都需要加快“互联网+”的步伐，需要基于移动互联网对商业模式进行革新。

1.1.1 移动互联网让企业拥有更多的营销渠道

与传统的工业化时代及互联网时代的早期相比，移动互联网使企业拥有更多的营销渠道。

品牌网站（企业网站）是品牌在互联网上的核心阵地。利用各类检索工具导入的流量，大多数都会指向品牌网站，品牌网站已经成为消费者在互联网中获取信息的来源之一，同时还具备帮助企业进行消费者吸引、消费者营销、消费者服务的业务功能。作为企业的互联网旗舰店、信息发布中心与在线分销网点，品牌网站扮演着多种角色。

作为品牌网站（企业网站）的延伸与补充，电子商务进一步推动了企业互联网化的变革。在电子商务出现的初期，很多企业认为电子商务只是一个补充渠道，但是电子商务的蓬勃发展以及商业巨头阿里巴巴的成长，似乎告诉企业：电子商务颠覆了传统的营销模式，是对传统营销模式的改良与升级。

近年来，随着智能设备（智能手机、平板电脑等）的广泛使用，移动互联网时代悄然而至，电子商务有了一个新的发展方向——移动电商。2015 年，一半以上的手机用户体验过通过移动端进行网购，移动电商的交易额首次超过了 PC（Personal Computer，个人计算机）端，成为电子商务主要的交易渠道之一。截至 2019 年 6 月，通过移动端进行网购的用户规模达 7.13 亿人。

互联网已成为企业深度运营营销渠道的阵地，由此诞生了一个新的术语——网络口碑。网络口碑是消费者借助互联网所分享和传播的关于企业或品牌的相关信息。在互联网时代，企业的口碑变得极其重要。移动互联网的传播力使现实社会中分散的口碑变得集中且一致，其传播的速度和影响远远超过了传统的口碑传播。此外，以微信、微博等为代表的社会化媒体的繁荣发展更是将网络口碑的作用放大。

总而言之，网络口碑让消费者更深入地了解了企业的信息，降低了交易的不确定性，提高了交易的可能性。因此，企业需要时刻关注自身的网络口碑。

1.1.2 移动互联网促使企业与消费者有更多互动

在互联网时代，检索是最基础的信息工具。借助新的检索技术，使用信息的便利性被极大地提升，企业与消费者在极短的时间内便能找到目标信息，极大地提高了业务效率。关键词检索是目前最基础的检索范式，计算能力、存储能力、网络运行速度、智能终端的提升和发展让消费者可以采用更为先进的方法来进行检索，例如，用户可以通过语音或视觉来查询，而网络则同样会根据个人检索历史等信息为用户提供定制化的检索结果，因此，消费者可以主动搜寻信息。

在移动互联网时代，企业必须超越依赖于信息传递的客户关系，建立起能够相互沟通、相互理解、相互信任的社交关系来培养品牌亲和力。传统营销方式的传播速度是一种匀速增长的速度，而社交媒体效应的传播速度可以达到指数级。社交媒体能够放大企业的品牌影响力，帮助企业更有效地传播营销内容以获得更好的效果。企业发布营销内容，关注该企业的消费者会进行评论或转发，如果这个营销内容被不断地转发，那么没有关注该企业的消费者也会获得相关信息。通过这样的方式，社交媒体能够帮助品牌获得难以想象的关注度。

对于企业来说，消费者仅仅看到或关注品牌是远远不够的，企业还需要鼓励消费者参与进来。移动互联网技术便可以帮助其实现，企业可以与消费者及潜在的消费者进行沟通，建立紧密的品牌关系。谷歌的研究团队针对用户参与度的问题开展过一项研究，他们发现，产品从曝光到用户参与的全过程包括消费者选择、互动、分享、转化四个步骤。他们最后指出，那些关注社交参与度的企业比只关注曝光度的企业更容易取得成功。

对于营销人员而言，这意味着之前以消息发布及传播为主的工作方向开始转向运营领域。营销活动的重点已经转变为如何理解并管理消费者与企业的社交互动，并将消费者转变为品牌传播的媒介。

总而言之，社交媒体的独特之处在于它赋予了消费者一种能够影响身边人产生品牌偏好的能力，是消费者具有自发性的内生行为产生的结果，并不是企业在外部强加的结果，这是传统的营销模式做不到的。

通过移动互联网，消费者不但能深层次地参与到企业的营销过程中，而且可以参与到企业的生产过程中。以众包为例，众包是一种分布式的解决方案和生产模式。众包是指企业利用互联网将工作分配出去、寻找创意或解决问题。无论是开展头脑风暴以产生新的观点，还是为具体的项目进行融资，众包已成为一种不可忽视的社会现象与商业工具。实际上，众包这种模式推动了商业模式的产生，个人或组织利用这种方式更有效、更经济地创造新思想，生产更有竞争力的产品，同时众包的生产模式能够有效地利用社会闲置的智力资源。因此，作为一种创造商业价值的新型商业模式，众包受到广泛的关注。

案例：魅族和小米的众包测试

魅族和小米是中国众包模式的开创者与集大成者，到目前，两者的众包测试做得很到位，软/硬件的开发都很快，更新速度也很快。魅族当初的M8是国内最早采用“互联网众包模式”的手机产品，是一个典型的群体产物。2008年年底，魅族对外推出“公测版”，随后又推出了“体验版”，之后推出了“SE（Second）版”。魅族M8在硬件上至少改版了五次以上。测试行业有句俗语——改版有风险，入市需谨慎。所以在改版问题上，很多企业慎之又慎。

小米是中国众包模式的集大成者，其中以MIUI系统的开发为代表。MIUI是小米旗下基于Android系统深度优化、定制、开发的第三方手机操作系统，也是小米的第一个产品。从2008年8月首个内测版发布至今，MIUI已经拥有国内外2.8亿人的消费群体，覆盖55种语言。但MIUI的第一次内测只有100位消费者，小米将最初的MIUI众包给这100位消费者进行测试，并直接获取他们的使用体验和改进建议，最大程度地满足消费者的需求，小米负责人曾经在采访中将这100位消费者称为“梦想的赞助商”。2018年5月，小米推出了最新的MIUI10，MIUI11也已经于2020年2月17日开始内测。当前，小米众包测试的规模已远远大于最初的100位消费者，但其核心价值并没有改变。

1.1.3　移动互联网使数据存储网络化

“大数据”是指一组海量的数据，由于数据集太大，因而很难用传统的软件进行收集、展示及分析，并且这些数据往往是非结构化的。对于企业及营销人员而言，“大数据”带来的最大挑战在于如何在海量的信息中获取关联的、准确的且可执行的方案。

谷歌的某位研究人员曾经这样解释大数据及其带来的挑战：截至2003年，人类创造了五个艾字节（Exabytes：数据的计量单位）的信息，但是现在，我们两天就能够创造五个艾字节的信息。此外，学者们认为，数据科学不仅是数字运算，而是关于人的科学。由此我们可以看出，在一个被数据占领的时代，企业及营销管理者最大的挑战不在于数据本身，而是如何做出有价值的数据发掘。

此外，物联网可能是这个时代最具影响力的技术。物联网指的是世界上的物体，通过一台或多台智能传输设备，将其所产生的数据源源不断地上传到互联网中进行流通。在物联网中，任何一个个体都可以获得一个IP地址，与互联网进行信息交换。企业管理者面临的挑战在于，他们不仅需要为每一位用户创造具有吸引力的营销内容并和其进行社交互动，而且需要与这些用户的传输设备进行互动。

1.2 企业需要互联网思维

互联网的诞生与普及改变了人们的生活习惯，也改变了商业运行的模式与规律。一些传统行业被迫进行变革，甚至一些行业已经被淘汰。在这种背景下，企业要想生存与发展，就要将自身与互联网相融合，形成新的商业模式。而要想实现这一目标，改变思维首当其冲。

在历史长河中，任何一次社会变革往往是从思想与观念的变革开始的。因此，企业要想实现发展转型或在互联网时代作出一番成就，首先要做的就是变革思想与观念，这种互联网时代的思想与观念被称为“互联网思维”。

1.2.1 用户至上

用户至上是互联思维的主导思维，强调的是对“人”的关注，而非工业时代主张的“物”，通俗来讲，用户至上就是企业的目光不再仅仅聚焦在产品层面或市场层面，而是更多地关注消费者。企业要在产品、服务和理念等方面满足消费者的个性化需求，具体而言，用户至上的思维方式具有三个典型特征，具体如图1-1所示。

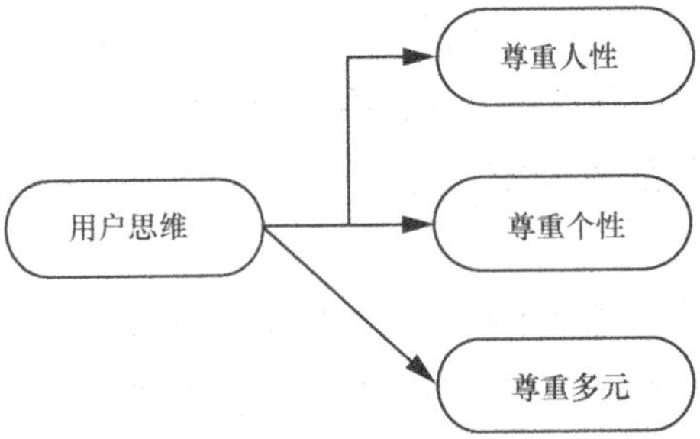

图 1-1　用户思维的特征

首先是尊重人性，企业应当基于每一位特定的消费者，展现重视、认可、信任与尊重等人性化元素；其次是尊重个性，用户至上的思维方式不再仅着眼于满足所有消费者的普遍需求，而要发掘、尊重和满足消费者的个性化需求；最后是尊重多元，用户至上的思维方式要求企业在多个层面，以多种方式满足消费者的多元化需求，即企业提供的产品与服务不再停留在物质层面，而是更加注重文化、情怀和精神等层面，要在这些层面与消费者产生共鸣，获得消费者认同。

满足消费者的需求，让消费者愉悦，并在消费过程中丰富知识、提高思想认识、获得认同，这便是用户至上的核心。

我们把消费者需求进行分层，其从低到高依次为体验需求、优越感需求、参与需求、愉悦需求、信任需求和成就感需求。

① 体验需求是消费者在消费产品或服务时的感觉。只有消费者的体验需求得到了满足，产品或服务才能得到消费者的认可。体验需求越被更好地满足，产品或服务的附加值就越高。

② 优越感需求是消费者的体验需求得到满足后的一种更高层次的需求，表现为：我可以使用这样的产品或服务；我能获得产品或服务的独特价值，而其他人并不能。

③ 参与需求是指消费者参与了企业的研发。因此，参与需求不再停留在产品或服务层面，已经进入了人际互动层面。

④ 愉悦需求建立在参与感基础上。优质的产品或服务能够为消费者带来愉悦感，但往往是短暂的，只有建立在参与感基础上的愉悦才是持久的。

⑤ 信任需求的满足同样建立在参与感的基础上，没有参与便不会有信任，这种信任可以来自企业，也可以来自其他消费者。

⑥ 成就感需求可以被理解为企业与消费者对自身的认可与赞赏。成就感需求是消费者需求的最高层级。

1.2.2 数据就是运营

在互联网时代，网络成为人们连接外部世界的重要渠道，数以万计的信息形成的数据洪流依靠着互联网奔向人们，而信息技术也使人们的物质世界与精神世界不断融合。互联网使物质财务转化为数据，也让知识与创意更有可能实现商业化。随着越来越多的生产要素、生产场所和生产活动被转移至互联网，数据已成为商业世界不可忽略的财富与资源。

我们甚至可以认为，在互联网时代，得数据者得天下。掌握核心数据的大企业凭借先进的数据获取与分析能力形成核心竞争力，利用信息优势占据行业中的主导地位。

在互联网时代，企业的边界正逐渐消失。由于能够使消费者和企业建立直接的连接关系，消除工业时代中间环节的交易成本，互联网是一种高效的市场资源配置机制。因此，企业要想在互联网时代更好地发展，必须学会站在消费者的角度思考问题，把自己打造成一个多边参与、多边开放的平台，借助互联网获取的数据管理自身，充分挖掘环境数据、市场数据与用户数据，这样才能顺应互联网时代的发展趋势，做到顺势而为，无往不利。

1.2.3 自媒体影响是热点

企业家李开复曾说“在微博时代，如果你有 100 个粉丝，就相当于你办了一份时尚小报，可以在朋友圈里享受被尊重和被阅读的乐趣；如果你有 1000 个粉丝，相当于你办了一份海报；如果你有 10000 个粉丝，相当于创办了一本杂志；如果你有 100000 个粉丝，相当于创办了一份地方性报纸；当粉丝数量增加到 1000000，你的声音会像全国性报纸上的头条新闻那样有影响力；如果你有 10000000 个粉丝，你就像电视播音员一样，可以很容易地让全国人民听到你的声音。”这段论述形象生动地阐明了移动互联网时代自媒体的特征与影响力。

自媒体又被称为“公民媒体”或“个人媒体”，是普通大众通过网络等途径向外发布与自身密切关联的事实和新闻的传播方式，具有个性化和碎片化等主要特征。当前国内的自媒体主要包括微信朋友圈、微信公众号、微博、QQ空间、百度贴吧和论坛等。

在自媒体时代，声音来自四面八方，每个独立的个体都能从自己获得的信息中对产品或服务作出判别。为了借助自媒体的影响力，越来越多的企业也开始形成自媒体思维。企业的自媒体就是企业建立自己的媒体平台，一般情况下，企业会将官方网站、微博、微信等媒体整合起来为自己服务。

十多年前的脑白金广告成为一代人的记忆。十年之前互联网的发展还是比较落后的，人们茶余饭后主要的娱乐方式就是看电视，脑白金朗朗上口的广告词和轻松欢快的画面便能获得人们的大量关注，广告的效应就显现出来了。在当前的时代背景下，人们主要的娱乐休闲载体或工具已从电视机转移至计算机或手机，传统的广告很难再像之前那样得到广泛的关注。

现在的企业将官方微博和微信公众号作为主要的自媒体，通过基于移动手机平台的营销来塑造品牌形象，传达企业理念，从而实现品牌推广。依靠移动互联网络，企业可以在任何地域、任何时间开展自媒体营销，将产品信息迅速传播，时效性空前增强。

总体而言，自媒体可以高效地将信息传播到受众中去，受众也可以对接收到的信息进行反馈，这种零距离的连接与交互方式是传统媒体不可比拟的。因此，随着移动互联网的发展，企业的自媒体营销势必大放异彩。

案例：可口可乐包装的自媒体营销

2013年，可口可乐公司将网络流行用语印在了包装上。可口可乐的这次包装改变意义重大。传统的产品包装都是名称、成分、生产信息等内容，而可口可乐的结合年轻一代的思维，将一些流行文化和元素表现在包装上，使产品包装自带了自媒体性质，与年轻消费者产生了共鸣。

1.2.4 企业需要学会跨界

跨界是移动互联网时代的思维转变趋势，跨界背后的动力是发掘新价值。

在工业时代，企业的价值通常是通过产品设计、原料采购、生产加工、包装储运、市场营销和用户购买这一系列产品来实现的。在这种模式下，企业遵循的是产品提供者到产品消费者的单向市场法则。

在移动互联网时代，双向法则甚至是多向法则成为了企业发展的重要基本理念，如百度为消费者提供准确且便捷的检索查询服务，微信向消费者提供社交互动服务，虽然它们并不向消费者收费，但巨大流量所蕴含的广告价值及其衍生的其他商业价值，远远超过了传统商业中的单一产品价值。

跨界的驱动力是发掘新价值，当企业为新的利益相关方提供了价值，原有商业模式的颠覆就有了理由。互联网思维的运用，往往会产生一些跨界竞争的现象，跨界企业的出现经常会同时辐射与冲击到之前与它们定位不一样的企业。

案例："杂货铺"——小米

小米独创了"米家生态链模式"，从空气净化器到电动牙刷再到智能马桶，米家所到之处，都是一大批新鲜事物的诞生，这也催生了众多优秀的新兴企业。从小米生态链走出的华米科技、云米都已经上市，米家模式大获成功。在 2018 年小米人工智能物联网开发者大会上，小米的创始人雷军宣布小米正式与宜家家居达成合作，这是宜家家居首次与中国科技公司合作，未来宜家家居全系列智能照明产品都将接入小米 IoT（The Internet of Things，物联网）平台，用户可以通过米家 App 来控制宜家家居的产品。除了宜家家居，小米还与全季酒店、车和家、爱空间等品牌建立深度合作关系，进军酒店、装修、车载语音系统等领域。

小米在跨界的路上越行越远，人们把时下的小米称为"杂货铺"，可以预见，这家"杂货铺"会借着互联网发展成为"百货大楼"。

1.2.5 使用迭代促进创新发展

迭代是快速更新升级的意思。在互联网时代，商业领域也需要迭代思维。任何产品随着时间的推移都会有不足之处，企业只有不断地改进和完善，做到迭代式创新，才能开发出符合市场需求的新产品。华为、小米等产品的更新换代就是很好的例子。在移动互联网时代，任何一家企业都必须快速创新，因为互联网时代是一个快鱼吃慢鱼的时代，而不再是传统的大鱼吃小鱼的时代。

小米创始人雷军在总结小米的成功时提到了这几个词：专注、极致、口碑、快。"快"就是迭代思维的最简表述。例如，软件系统等产品在少数人发现存在问题时就被快速解决修正，便不会影响多数用户的使用。软件系统等每更新一次，就是一次迭代，传统企业对产品的研发升级也是一次迭代。在互联网背景下，迭代不仅指产品的开发，更是一种思维方式，这种思维方式无论是对新型企业，还是传统企业都是需要的。

案例：三只松鼠

三只松鼠成立于2012年，是当前中国销售规模最大的食品电商企业之一，其主营业务覆盖坚果、肉脯、果干等全品类休闲零食。2019年12月3日，三只松鼠宣布其2019年全年的销售额突破百亿元，成为零食行业首家过百亿元门槛的企业。

互联网极大地缩短了厂商和用户之间的距离，因此三只松鼠定位于做"互联网客户体验的第一品牌"。产品体验是用户体验的核心，三只松鼠根据用户体验和反馈不断地研发升级产品，这是三只松鼠坚持做互联网销售的重要原因，因为互联网可以使企业与用户以最低的成本实现最高效的互动交流。凭借这种理念，三只松鼠具备了行业领先的产品迭代能力。

1.3 数字化发展成为关键词

互联网技术与互联网思维推动着企业不断前行，数字化发展成为大多数企业的选择。未来，企业将大致分为两类:一类是数字化原生企业，即从诞生起就按照数字化的模式建立和运营；另一类是依托数字化转型的企业，即用数字化模式变革原有运营模式，从而实现升级迭代。互联网时代是一个宏观的概念，它涵盖了互联网发展背景下所有的变革，而对于企业来说，互联网时代更确切的表现是数字化。

1.3.1 得数据者得天下

从学术角度讲，数字化就是将复杂多变的信息转化为数字、数据，再利用这些数字与数据建模并将其引入计算机内部进行统一处理的过程，这个过程被称为“数字化过程”。通俗地讲，数字化就是将我们身边的事物变为数据，然后将其存储在计算机中，随后进行统一处理、应用的过程。对于企业而言，数字化意味着用数字连接资源、处理交易、重组流程等。数字化的内涵可以从数据和数据化两个方面阐述。

1. 数据是数字化的基础

数据是人们对具体事物的量化表达，可以精确地对事物进行记录、分析和解构重组。因此，数据是数字化的基础。互联网技术的不断发展使人们逐渐发现，我们身边的大多数事物都可以用数据来说明，如一瓶矿泉水，我们可以把它分解为一系列数据，如生产商、水源地、生产工序、质量、所含元素与比例等，甚至我们发现一个消费者对某一产品的购买可能性都能通过数据来反映，这些数据包括该消费者对这一产品的查看次数、查看时间等。

在数字化时代，数据是基础，得数据者得天下，这话不无道理。维克托・迈尔・舍恩伯格被誉为“大数据商业应用第一人”，他在自己写的书中向人们阐述了这样一个道理：三分技术，七分数据。全球知名咨询公司麦肯锡曾提出：数据已经渗透到当今每一个行业和业务职能领域，成为重要的生产要素，人们对于海量数据的挖掘和应用，预示着生产效率的提高和消费者盈余浪潮的到来。这些观点告诉我们，在数字化时代，我们需要用数据思维去发掘数据的潜在价值。

2. 数据化是提高效率的保证

一个事物的数据化程度越高，人们对它的解读、分析、判断和预测的能力便会越强。因此，数据化是提高效率的保证，没有数据化，我们在做判断时只能依靠直觉与经验。

此外，对于企业而言，通过数据化可以更为高效准确地把握消费者的消费偏好与消费行为。以亚马逊公司的书籍在线销售为例，通过对消费者数据(看了哪些书、在某一网页停留了多久、是否查看了在线评论等）的获取，相关人员能更加准确快速地了解消费者的阅读喜好与习惯，从而更准确地预测哪些书籍更受市场欢迎。

可见，在数字化时代，人们对数据的掌握与分析是提高效率的保证。

1.3.2 数字化影响企业发展

数字化时代崛起了一大批企业，但是它们的经营逻辑和传统企业的经营逻辑完全不同。在中国最强大的三个数字化平台——百度、阿里巴巴和腾讯中，百度是提供搜索服务的，但是不靠搜索赚钱；阿里巴巴是做电商的，但阿里巴巴不靠淘宝赚钱；腾讯是提供社交服务的，但QQ和微信都是免费的。这深刻地反映了数字化时代与传统商业时代的差异，两者之间千差万别，接下来我们从消费者、产品宣传、营销渠道三个方面进行论述。

1. 消费者至上

在数字化时代，信息是千千万万数据的外在表现，任何数字最终会以信息的方式呈现给人们。因此，信息是数字化时代最大的产物，互联网时代创造的信息或许超过了互联网时代之前人类创造的所有信息。对于企业与消费者而言，信息的大量出现意味着两者之间信息的逐渐对称，企业试图通过以往单向的信息传播改变消费者的态度与行为的可能性几乎为零，因为消费者有太多渠道去获取自己想要的信息。在数字化时代，消费者至上，他们具有影响企业的能力，不再仅仅是工业时代的产品使用者。具体而言，消费者具有以下特征。

（1）追求个性化消费

追求个性化是人的需求，在数字化时代，这种追求变得更为强烈，且得到汇聚。

① 消费者与企业之间沟通的便捷化使企业能够更加精准地了解消费者的需求，消费者也有了更多的渠道表达自己的需求。

② 得益于社会化媒体的繁荣，有同类需求和爱好的消费者与消费者之间

很容易就建立联系并形成跨时空的小圈子，从而将原本小众的需求汇聚在一起，形成规模需求。

③ 企业的数字化生产技术的发展也使企业具备了生产小众产品的能力，提高了企业生产个性化产品的能力。

因此，在数字化时代，企业生存与发展的一个巨大的源泉在于能够向市场提供小而美的个性化产品，工业时代的大规模生产已不适应市场需求。

（2）数字化消费成为主流

淘宝、京东等App的出现与发展，使数字化渠道成为人们消费的主流选择。目前，人们习惯通过数字化的渠道来查询、购买产品，也喜欢和企业通过数字化的渠道进行互动沟通，以获得帮助与服务。消费者的数字化消费对企业来说具有两个深刻的影响：① 消费者品牌转化的成本变低，品牌忠诚度降低，因为消费者可以极其方便地获取各类品牌的信息与评价，消费者一旦在消费过程中产生较差的消费体验，他们就有可能去选择其他品牌；② 数字化消费意味着消费者在现实与虚拟世界之间切换与活动，因此企业必须为消费者提供无缝的线下线上品牌消费体验。

2. 产品宣传需要双向互动

在传统的工业时代，社会化媒体的发展相对落后，企业宣传并推广产品的主阵地为电视或报纸，它们通过购买广告时间和版面来向消费者单向传递信息。

在数字化时代，企业传统的单向宣传推广模式被彻底打破，各种社交媒介如雨后春笋般涌现。互联网是一个消费者自主选择开始、结束，甚至自主选择内容的空间。在这个空间中，消费者占据着主导位置，产品信息的价值取决于消费者的认知。在传统工业时代，消费者是产品信息的被动接受者；在移动互联网时代，消费者是一个产品信息的创造者与传播者，因为依靠各类社交媒介，消费者已经成为了一个自媒体，他们对消费体验的任何一种表达都有可能成为一个热点话题。

在数字化时代，单向、生硬的广告已经被淘汰，企业必须承认这一事实，并学会适应这个数字化时代。在数字化时代，消费者只能被影响，而不会被主导，企业的产品宣传需要转换思路，要学会通过与消费者互动、经营消费者、提高消费者的参与度来影响消费者，进而达到宣传的效果，甚至可以将消费者变为义务的宣传员。例如，小米的产品宣传，我们很少在电视上看到小米的广告，但一句“小米，为发烧而生”却已经成为手机圈广为流传的经典广告语，小米的成功离不开它对互联网宣传力量的极致发挥，小米在线品牌社群就是最好的案例。

3. 社群成为数字化营销的新渠道

企业的营销渠道主要分为线下与线上，线下是现实世界，线上是虚拟世界。工业时代的营销渠道在线下，成本较高，而线上渠道没有时空限制，因此在早期经历了野蛮式的成长后，大量线下品牌浪潮般地入驻线上。发展至今，决不能说线上渠道就一定包打天下，相比线下渠道，线上渠道最致命的缺点在于缺少切实的消费体验。2015 年开始，各大电商纷纷宣布进军线下，如阿里巴巴的盒马系列、天猫小店和京东的京东便利店等，这似乎预示着线上渠道的红利已经开始减弱。人们不禁要问，数字化时代，渠道究竟应该是怎样的？

目前，人们的时间和注意力变成了一种稀缺资源，也成为了企业争夺的目标，这时渠道的价值或许就已经发生了改变。连接交易双方和完成交易不再是渠道的唯一价值，渠道的新使命变成了寻找、聚合具有相似爱好与价值观的消费者，并增强了消费者对品牌建设的参与度，提高了消费者的品牌消费体验，增强了消费者的品牌忠诚度，最终打造了一个品牌与消费者、消费者与消费者共存共荣的社群。这个社群就是数字化时代企业的新营销渠道，它不是单纯的线上渠道，因为通过线下活动，消费者与企业营销实践可以在线下对接。这个社群也不是单纯的线下渠道，因为企业与消费者、消费者与消费者之间可以在线上进行互动沟通。

参考文献

[1] 张桂平，林峰，王作言. 从工业时代到互联网时代的企业文化：人的演进[J]. 商业文化，2017(31)：36-43.

[2] 刘克. 英国“卢德群体”研究[D]. 苏州：苏州大学，2017.

[3] 张新民，陈德球. 移动互联网时代企业商业模式、价值共创与治理风险——基于瑞幸咖啡财务造假的案例分析[J]. 管理世界，2020，36(5)：74-86.
[4] 彭亦久. 新媒体时代电子商务整合营销策略研究[J]. 全国流通经济，2019(8)：13-15.
[5] 张振华，许柏鸣. 基于网络口碑数据挖掘的电子商务物流服务质量问题[J]. 中国流通经济，2019，33(1)：43-55.
[6] 张杰. 网络口碑传播对社会化媒体营销的影响研究[J]. 北京印刷学院学报，2020，28(1)：9-11.
[7] 廖利文. 现代信息检索的演变[J]. 内蒙古科技与经济，2006(12)：7-9.
[8] 李梦娣. 4R理论视阈下企业的社交媒体营销策略研究——以海尔官方微博的运营为例[J]. 品牌研究，2018(2)：30-31.
[9] 杨宁，殷少明. 虚拟品牌社区客户社会化路径研究——基于社区满意与社区认同的双中介视角[J]. 西安财经学院学报，2019，32(6)：103-110.
[10] 童玲. 新媒体背景下“意见领袖”对品牌传播的影响[J]. 传媒论坛，2019，2(21)：86.
[11] 曹虎，王赛，乔林，等. 数字时代的营销战略[M]. 北京：机械工业出版社，2017.
[12] 王天梅. 众包竞赛用户参与意愿和参加绩效影响因素的差异化研究——任务复杂度的调节效应[C]. 中国软科学研究会. 中国软科学研究会2019年中国软科学文集，2020：194-206.
[13] 苏令银. 大数据伦理：研究现状、未来议题与政策建议[J/OL]. 新疆师范大学学报(哲学社会科学版)，2020(3)：1-11.
[14] 李春平，肖进文，姚朝晖. 物联网产业对经济增长影响的应用分析[J]. 品牌研究，2020(1)：128-129.
[15] 李萌. 移动互联网思维下的社群经济对品牌发展的影响——以“私席”为例[J]. 中国市场，2018(24)：193-194.
[16] 张骁，吴琴，余欣. 互联网时代企业跨界颠覆式创新的逻辑[J]. 中国工业经济，2019(3)：156-174.
[17] 李开复. 微博：改变一切[M]. 上海：上海财经大学出版社，2011.
[18] 王建平，吴晓云. 制造企业跨界知识搜寻对创新绩效的影响——一个被调节的双重中介模型[J]. 企业经济，2020(2)：51-59.
[19] 李全升，苏秦. 市场导向、迭代式创新与新产品开发[J]. 管理学报，2019，

16(12)：1790-1799.

[20] 陈春花. 数字化时代的生存之道——共生与协同[J]. 张江科技评论，2019(6)：53-55.

[21] [英]维克托·迈尔·舍恩伯格. 大数据时代[M]. 杭州：浙江人民出版社，2012.

[22] 周涛. 基于大数据分析的消费者网络购买行为研究[J]. 特区经济，2020(1)：121-123.

[23] 魏舟波. 未来以来：数字化时代的商业模式创新[M]. 北京：中信出版社，2018.

[24] 何婷. 个性化消费、市场结构与商品流通效率的关联性分析[J]. 商业经济研究，2020(4)：40-42.

第2章 互联网社群吹响经济的新号角

案例：互联网病友社群

互联网病友社群给同类病人建立了一个沟通和交流的平台，在该平台上，病友可以交流求医问药的经历、治疗前后的健康管理、医疗费用报销的经验等。

当互联网病友社群积累和沉淀了大量的用户后，它就可以对接相应的医疗资源，构建闭环的商业模式，成为互联网医疗的有利补充。

通过构建社群，企业可以创立新的商业模式并创造价值。

互联网的力量已经被人们广泛认可，如果用一个词来概括互联网的力量，我们可能会得到不同的回答，比如资源、信息、知识、便捷等。其实，所有的回答可以被精炼为一个词语——连接。互联网带给世界深刻的变革正是起源于它对连接的改变，包括连接的方式、空间、时间、深度与广度等。连接的革命性变革创造了一种新型的经济模式——社群经济。

社群经济是指：在互联网时代，一些对同一品牌有共同认知、爱好、价值观的消费者以互联网媒介为载体或平台聚集在一起互动、沟通、协作、相互影响，最终对品牌产生反哺价值。这种建立在品牌与消费者、消费者与消费者之间的价值反哺与情感信任，共同作用形成自运转、自循环的经济模式便是社群经济。在社群经济背景下，品牌产品与消费者之间不再是功能上的连接，消费者开始追求基于产品功能之上的诸如文化、格调、个性等内在价值，从而与品牌建立更深层次的连接关系。

有社交的地方就有人群，有人群的地方就有市场，社群经济是互联网时代对商业环境变革的产物，而移动互联网时代的到来使社群经济的发展走向了新阶段，它使社会要素的组织形式和流动方式得到更加充分的创新与再造，从而成为新的经济模式。

2.1 互联网社群的前世今生

2.1.1 什么是社群

广义的社群是指在某些边界线、地区或领域内发生作用的一切社会关系。它可以是实际的地理区域发生的社会关系，也可以是存在于抽象的思想上的社会关系。简单来说，社群就是一个群，但是一个社群必须有自身的表现形式，并不是将人们拉进一个群就形成了社群。社群需要具有社会关系属性，如某个群以某种需求、爱好为基点将人们聚集在一起，这样的群才是真正意义上的社群。

社群是由人组成的，一个成熟的社会化的人依附于各种组织。一群人要形成一个社群，只需要两个条件：共同兴趣和沟通方式。人们期待着关联、发展和新事物，期待着变化，而社群正好满足了这些。

案例：知乎

以网络问答起家的知乎就是一个社群。知乎建立了自身完整的规则与体系，用户在规则允许的范围内围绕某一感兴趣的话题进行相关的讨论，同时用户可以关注兴趣一致的人，用户之间分享彼此的知识、经验和见解。目前，知乎营造出了一个优质的在线问答氛围，人们基于知乎建立的社会关系也是长期存在的。

通常情况下，真正意义上的社群具有三大特征：一是有稳定的群体结构和一致的群体价值；二是有得到认同的群体规范，成员之间具有长期的互动关系；三是内部成员分工协作，具有较为一致的行动力。

2.1.2 社群的四个心理特征

构建一个成功的社群是所有目标远大的创业者和企业家的梦想，即，通过社群让所有有着一致兴趣爱好或价值观的个体聚在一起，将个体需求汇聚成集体需求，最终创造出巨大的商业价值。

然而，社群作为群体有着与个体截然不同的情绪模式与心理特征。法国社会心理学家古斯塔夫·勒庞在其著作中写道："无论构成群体的个人是谁，不管他们的生活方式、职业、性格和智力是否一致，他们聚集组成群体时，便拥有了一种集体心理，这种集体心理使得他们在感受、思考和行动时，其方式完全不同于个体在孤立状态下感受、思考和行动时所采取的方式。"我们将群体的心理状态大致分为以下几个方面。

1. 情绪特征：易冲动、易暗示、易夸张

社群是聚合在一起的一群人，这群人所具有的心理特征区别于单个人所具有的心理特征，在情绪方面表现为易冲动、易暗示、易夸张。社群比个体更容易情绪化，社群决策往往会受到情感和情绪的影响。通过这种心理特征，群体所提出的倡议经常能够激发个体强烈的情绪，引起情感共鸣。

要使个体信服和支持群体所提出的倡议，倡议者首先应当深刻理解他们的情绪痛点，并使自己也处于此痛点上，通过联想提出暗示性概念，借此改变个体的想法，以便控制社群情绪。

2. 道德特征：团队合作、主动奉献

哈佛大学法学教授尤查·本科勒在其著作中通过运用神经系统科学、经济学、社会学、进化生物学和政治学中的发现，以及结合现实世界中的众多例子揭示了人类的本能中蕴藏了"合作"的基因，提出我们只需要换一种思维方式重新设计制度和工具，"合作"的本能就能驱动人类创造更大的价值。越优质、越有生命力的社群，其存在的基调越是倡导分享、合作和风险。

我国哲学家王阳明提出"致良知"，其实每个人生来便有明辨是非和区分善恶的能力，群体需要做的只是为个体创造有利的环境。当社群激发出人们内心的良知，即建立起群体道德之后，社群将表现出极高的道德感，这时社群所做的奉献、牺牲等行为，比个人所做的行为更有价值。

英国哲学家也是著名的社群主义代表人物阿拉斯代尔·麦金泰尔提出了“德性社群论”，他认为真正的社群具备这几个核心特征：社群有全体成员都追求和共同分享的目标；社群成员要有情谊；社群内部有一个贯穿过去和未来的整体道德计划。

3. 效仿特征：群体效仿的连锁反应

著名的物理学教授兰·费雪在其代表作中讲述了一个“无形的领导者”的案例：在川流不息的人群中，倘若最开始只有一个人驻足凝视街边商店的橱窗，将会有40%的路人停下来一同注视；当有两个人注视窗口时，这个比例会上升到60%；当有五个人注视窗口时，这个比例有可能上升到90%。兰·费雪把这个现象称为“群体模仿的连锁反应”。

根据上述观点，社群领导者可以在不被察觉的前提下领导社群中的个体向着同一个方向前进。

2.1.3 互联网社群的两个发展阶段

互联网塑造了新的商业背景，在这种背景下，社群开始与各类互联网终端融合，进而催生出互联网社群，互联网社群完美地契合了信息交换的网络化、用户互动的网络化以及数据存储的网络化，从而成为互联网时代中一种新型的商业形态。互联网社群本是完全依托互联网技术而产生的社群种类，但我们不能将其简单地看作是传统社群的网络化或社群在互联网中的表现形式，互联网社群本质上是一个社会网络，具体表现为人际关系、组织形式以及商业模式。要深刻认识与理解互联网社群，我们需要了解互联网社群的发展状况。

互联网社群的发展大致经历了以下两个阶段。

第一阶段是早期的互联网社群，这时的互联网社群以BBS论坛、在线聊天室、在线多人游戏等为载体。利用这些载体，人们第一次实现了网络平台集聚、跨地域人际连接。此时，互联网社群具有两个显著的特点：一是受技术发展的制约，社群的主要功能局限于信息的传播与交流，但这也是当时人们对参与社群的主要期待；二是社群的空间特征明显，互联网社群代表了信息时代初期人们对互联网的一种想象，它构建起了一个现实世界之外的虚拟空间。

第二阶段是当前的互联网社群，以社交网络（以QQ、微信等为代表）的兴起为推动力。这时的互联网社群以移动互联网终端为依托，无论是形态还是特点都发生了改变。这一阶段的互联网社群实现了信息交流基础上的多重功能：人们完成了现实关系全方位的线上化，交往是大部分参与者的主要目的；得益于社交网络的大范围铺展，加之电子商务、新支付方式、共享经济的繁荣，此时的互联网社群不仅实现了人的聚合，还实现了信息、服务和商品的连接。互联网社群在社交等基础功能之外开始具备经济价值、情感价值，甚至具备了促进个人发展的价值，因此变得更加现实化与商业化。这促进了社群经济、商业社群的出现与发展。互联网社群的第二个阶段还在继续，这也意味着互联网社群将会不断演化。

2.1.4 互联网社群的三个类别

不同的标准会产生不同的分类，对互联网社群而言，除了载体、功能之外，它还可以从形成方式来划分。依据形成方式，目前的互联网社群可以分成两类：一是原本存在于现实中的社群借助互联网实现了网络化，如工作群、家庭群等，这类社群可以被定义为次生的互联网社群；二是原本并不存在的、完全基于互联网而产生的社群，这类社群从出现就带有明显的互联网属性，即使其影响和互动出现在线下也摆脱不了其互联网特性，这类社群可以被定义为原生的互联网社群。本书重点介绍原生的互联网社群，其中，兴趣社群、商业社群和工具社群是原生互联网社群的典型代表。

① 兴趣社群是互联网社群中最普遍的类型，广义的兴趣社群除了兴趣爱好，还可以是文化背景、行为规范、价值理念等相似的同类聚集。目前的在线品牌社群也是兴趣社群的一种形式，这里聚集着强烈认同某一品牌或产品的人群，在线品牌社群建立在客户和品牌的关系之上，有着较强的关联性。当前，以在线品牌社群为代表的互联网社群在社交和兴趣一致的基础上逐渐开展集体行为、价值共创等高级的互动，这是催生社群经济的核心动力。在追求自由、多元和个性化的时代，无论多么小众的兴趣、多么细腻的感情，

人们都能找到同类人并组成社群。个人的兴趣因为有了社群而产生无限的共鸣和放大，从而使兴趣类社群蕴含着巨大的商业价值。

② 商业社群是利用互联网探索和实现商业利益的社群，这类社群有两种形成方式：一种是在兴趣社群的发展过程中探索价值转化方式（品牌广告、知识付费等）而形成的，以罗辑思维为代表；另一种是企业或个人为了商业利益而主动建立的社群，以小米社群为代表。这类互联网社群之所以具有商业价值，是由于它能以最低的成本形成资源连接，使建立与运营社群成为一种价值创造方式，这是社群经济的原生基础。社群经济正是利用互联网社群的连接、聚集、互动、交流、协作才形成自运作、自循环的经济形态。当前，社群经济主要被运用在产品营销、电子商务、知识共享等领域。

③ 工具社群是人们利用互联网开展各类工作而组建的社群。各种社交软件为人们的社群交流提供便利。具体而言，如MIUI论坛等，这类社群向用户不断提供改进且免费的产品，用户将自己难以解决的问题放在网络平台上，利用参与者的群体智慧获得有效的解决方案，包括创意设计、问卷调查、产品使用等内容；小米内部以米聊群替代组织架构，实施内部项目管理；越来越多的企业采用微信群组织会议、协调项目和处理工作；当一个学习项目成立时，一个社群便组建好了，整个项目的信息沟通、统筹协调和效果监测都可以在社群中实时开展；朋友聚会时，参与者可以临时建群来加强交流和互动。由此我们可以看出，工具型社群的应用性、灵活性和场景性，可以满足用户在特定场景的沟通需求。

2.1.5 互联网社群代表了一种新型的人际关系

当前，互联网社群具有以下方面的特征。

1. 技术依赖性

任何一个社群都有一个建立的基础点，如亲情、友情、品牌等，互联网社群除了这些基础点，还有一个核心要素——技术要素。互联网技术是造就互联网社群的原生动力，无论是智能设备，还是社交软件，都是以技术为支撑的。此外，任何社群活动都依赖于传输、搜索、共享等技术的发展和进步。

2. 突破时空限制

突破时间与空间的限制是互联网社群的先天优势，这使得参与者有着多样性，社群成员可以在任何时间、任何地点进行交流。此外，互联网社群的历史信息可以全部存储于服务器或客户端上。

3. 自组织和去中心化

社群发展到一定程度后会自我运作，这是一个自组织的过程。互联网社群的自发性和非正式性十分明显，互联网社群的信息与内容并不是由特定的个体产生的，而是由全体成员共同产生的。当然，在组织运作上，互联网社群并非纯粹的自下而上，其内部也存在精英机制，如“意见领袖”在互联网社群中的影响力举足轻重，他们完全可以影响一个社群的价值观。此外，互联网社群的内部也是一个社会网络，网络中的每个节点都在承担责任，同时连接着不同的资源，这使得互联网社群形成了一种网状结构。

4. 社群关系为弱连接

互联网社群拓展了人们的社交范围，这也意味着人们社交关系中的弱连接增多。弱连接背后的原因是社群成员属性的差异，如年龄、教育程度、社会地位、收入水平等。弱连接最大的作用是极大地促进了信息跨群体、跨阶层的传播，打破了传统社群的封闭性，从而使得互联网社群成为人们获取新信息、新想法、新知识的重要渠道。

5. 基于互联网的社会协作新模式

互联网社群促进了开源共享、群体智慧、众包众筹等新型的社会协作模式。其内在机制是：社群成员通过自身的劳动、知识、经验等作出自己的贡献。社群成员参与社群协作，促进资源整合，达成互利互惠，实现价值共创，群体智慧被极大地释放。社群成员从这种协作活动中获得经济收入，得到能力锻炼、心理满足甚至是社会认同。

由此可知，互联网社群是完全依托网络技术产生的新型社群，但我们并不能将其简单地看成是传统社群的网络化，或者社群在互联网时代的表现形式。这个时代，互联网社群实质上已经成为一种新型人际关系、组织形式以及商业模式，并且进一步影响人们未来的生产方式与生活方式。

2.2 互联网社群孕育了社群经济

互联网社群的兴起为社群经济的发展奠定了坚实的基础，可以说是互联网社群孕育了社群经济。社群经济使得产品原本具有的属性由于人的参与得到显著的提升。产品的寿命会因为人的参与而缩短或延长；产品的销量不再被动地服从产品的生命周期，而是取决于人或社群网络之间关系的稳定程度；品牌的管理不再需要每个阶段投入大量的企业资源，而是依靠社群参与者在互联网社群中持续的价值创造的稳定性。此外，在社群经济背景下，市场的定义也发生了深刻的改变。市场由原本为企业与消费者价值交换的场所转变为企业与消费者及合作网络成员之间的知识碰撞、交流与增值的场所。消费者作为知识创新的来源之一，既是参与者和建设者，也是直接的获益方。为了更好地理解社群经济，我们需要从以下几个方面入手。

2.2.1 社群经济的诞生与发展

社群经济是将互联网的连接、开放、共享等特征充分融入商业中去，在为消费者创造更多价值体验的同时，企业也获得自身的收益。在社群经济时代，人们根据不同的需求和偏好，选择了不同的小圈子或者不同的社群，企业的产品研发由围绕着“物”转向围绕着“人”或“社群”来开展。因此，社群经济是基于人的经济，而非基于产品或物的经济。

案例：小米公司

近年来，互联网初创公司小米的快速崛起冲击了人们的传统思维，小米的发展奇迹得益于其高效地利用了社群经济的连接特质。其以独到的价值创造理念将消费者聚集到一起，形成在线品牌社群，并通过对消费者社群的优质管理，开创了全新的品牌建设与推广模式。小米展现了互联网时代特有的一种经济学现象，这种现象发展的动力来自于其对社群经济的有效把握。

社群经济并非Web2.0时代的独特产物，而是伴随着互联网的发展长期存在的。Web1.0时代的互联网社群由于缺乏自组织机制，往往是有社群而无经济，这时的社群经济处于萌芽阶段，并没有诞生诸如小米、罗辑思维等极具代表性的社群经济典范。总的来说，社群经济的诞生与发展经历了如图2-1所示的历史过程。

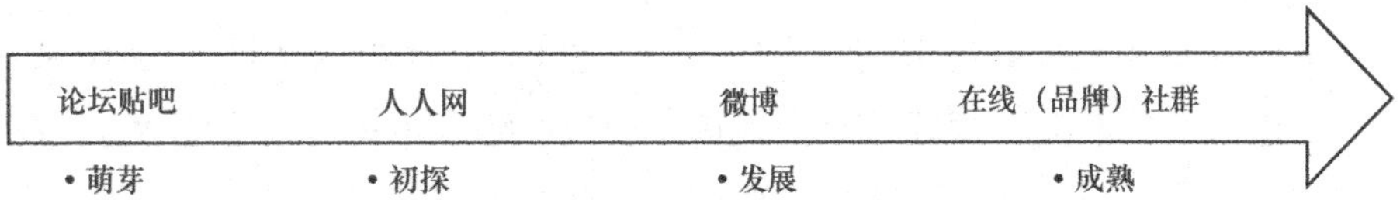

图 2-1　社群经济的发展历程

1. 社群经济的萌芽

最早期的互联网社群以BBS论坛、百度贴吧、博客等为代表，这也是社群的雏形。这些社群大多数基于相同或相似的兴趣爱好而形成，侧重于用户之间精神层面的交流，并不具备变现的能力与渠道，一些类似的社群甚至为了保证社群的纯粹性，还会将一些商业化的话题与评论贴作为垃圾内容进行删除，这些原因导致了社群很难具备经济价值。此外，这类社群内部的互动属于简单的线性互动，这使得用户的社群参与黏性难以长期维持，因此，社群活跃度没有保障。这个阶段的互联网社群我们称之为“有社群无经济”。

2. 社群经济的初探

社群经济的初探以人人网、豆瓣等为例。人人网是实名制社交网络平台。基于同学社交，人人网一度主导了国内的网络社交潮流，聚集了广大的大学生群体，形成了形态各异的网络社群。用户在人人网上相互交流、分享信息、玩在线游戏、听音乐、参与团购，并体验一系列其他服务。人人网最初将用户定位为在校大学生，但发展至今，它已经成为为整个中国互联网用户提供服务的社交网站。人人网给不同身份的人提供了一个全方位的互动交流平台，极大地提高了用户之间的交流效率，降低了用户之间的交流成本。

豆瓣类似于BBS论坛、百度贴吧等，也是用户基于共同的兴趣而形成的互联网社群。但是相比较而言，豆瓣的社群具有更高的开放性，成员之间的互动交流也更为多样。目前，豆瓣旗下的产品有豆瓣电影、豆瓣读书、豆瓣音乐、豆瓣同城等，这些不同类型的社群聚集了大量用户，为了保证社群成员的参与黏性，豆瓣社群会经常举办一些活动（如赠送书籍），以激发用户的参与热情。

无论是人人网，还是豆瓣，都开始了社群商业化的探索，社群已经具备了明显的经济属性，但要成功地打造出优质的社群产品或服务模式，还需不断地探索。

3. 社群经济的发展

微博的诞生是社群经济的一个转折点。微博是一种基于用户关系信息分享、传播以及获取的广播式的社交媒体、社交网络，用户可以通过PC、手机等多种终端接入，以文字、图片、视频等多媒体形式，实现信息的及时分享、大范围传播与在线互动。

微博的社群交互融入了更多的现实因素，使社群的经济价值有了更多的落地渠道。一方面，微博的巨大聚合功能使企业可以找到具有产品或服务需求的众多社群；另一方面，基于不同需求而形成的社群，也可以借助微博找到满足需求的产品或服务。从这两个角度来看，微博的广泛普及是社群经济崛起的一个重要转折点。

4. 社群经济的成熟

小米的快速发展使社群经济快速地走进了人们的视野，目前，小米已经成为中国最瞩目的互联网公司之一，小米的成功离不开对粉丝社群的高效管理。基于独特的产品和服务理念，小米建立了目前国内规模最大的在线品牌社群，并投入大量的公司资源对在线品牌社群进行运营，不断强化消费者对小米的品牌认同和情感归属。小米在线品牌社群最典型的特征是给予了消费者巨大的参与感，例如让消费者参与到产品的研发设计当中、及时与消费者进行互动沟通、不断优化产品和服务体验等。

正是这种对在线品牌社群的重视和运营，使小米把握住了互联网背景下企业与客户价值共创的真谛，构建起了动态的供应链体系，推动了产品的口碑营销，成功地塑造了品牌，扩大了品牌影响力。需要说明的是，小米在线品牌社群运营的成功并非简单的社群营销，而是真正做到了互联网背景下以消费者为中心，针对消费者的需求提供有效的解决方案，优化消费者的消费体验，实现社群关系的维持和价值创造。因此，小米在线品牌社群的本质是通过创新生产关系，进而推动生产力的发展。

从社群经济的发展脉络看，社群经济不仅仅是一个营销术语，也绝不是互联网时代中的泡沫经济，而是一种新的商业模式，它足以推动企业甚至社会的变革与创新。

2.2.2 社群经济的本质

在工业经济时代，商业的逻辑起点是供给，社会生产最突出的价值在于对产品与服务的创造与供给，人们享受着前所未有的消费体验，物质需求得到极大的满足。然而强调物质创造与供给的生产模式在丰富人们生活的同时，也带来了难以言说的负面后果：森林面积减少、空气质量下降、食品安全屡受质疑、城市交通日渐拥堵等。此外，移动互联网时代带来的海量信息对商业领域最大的冲击是客户越来越注重参与体验，越来越追求多元化、个性化与人性化的产品，这是工业经济时代下企业难以做到的。因此，工业经济时代商业的供给导向已经无法适应移动互联网时代人们的内心需求。

当前，社会在经历着一个深刻的变革，表现为人们从对物质化的追求转变为对人自身发展和个性化的追求，随之改变的是企业经营从工业经济时代以供给为导向转变为互联网时代以需求为导向。可以说，互联网是实现这一转变的动因与载体，而社群经济则是最生动的表现。

社群经济正是契合了互联网时代人们对多元化、个性化、情感化的追求，从而受到社会的关注与认可。借助互联网及移动化社交媒体的连接、开放、共享等属性，社群经济将原本分散的具有同类爱好的个体聚集在一起，形成了具有同质化需求的群体。群体互动过程中，个体能够感知到信息、社交、娱乐、财务、形象等价值，并产生自我觉醒、维持社交关系、社会感增强等心理感知，极大地满足了互联网时代多元化、个性化、情感化的需求。通过对人们这些需求的把握与满足，社群经济对人性进行了回归与复兴，同时也创造了新型的商业价值。因此，社群经济是一种回归人本的经济。

社群经济的商业价值通过其连接红利实现，以人为本的连接唤起了客户内心深层次的需求，从而创造了不可估量的价值。社群经济将互联网的连接价值商品化，对于企业而言，发展社群经济的核心在于把握互联网时代对人性的尊重，形成以消费者为中心的产品研发和服务模式，即以人性化的价值主张或产品与服务获得用户的关注，并借助互联网社群聚集分散的消费者，建立消费者社群，然后采取柔性化、多元化的管理方式运营社群。社群经济最大的价值在于实现了消费者、产品、企业之间更为舒适、便捷的连接与互动，并开展价值共创。社群经济对于企业来说，其重点不再是产品和技术的创新，而是实现与消费者的连接，以消费者为核心，不断地为其提供优质的问题解决方案，以获得消费者的价值认同和情感归属。

2.2.3 社群经济的内在逻辑

社群经济的本质是对人性的追求与复兴，它的商业价值通过连接红利实现，其内在逻辑可以从以下几个方面进行阐述。

1. 价值共创

价值共创是社群经济的首要逻辑，也是社群经济的指导思想。价值共创的理念是指企业在充满不确定性的环境中需要采取的一种价值创造思维——以个体为中心，由消费者与企业共同创造价值。这一理念在传统工业经济时代是难以想象和实现的。在互联网经济时代，消费者的角色发生了极大变化，他们不再是被动的购买者，而是参与者。消费者积极参与企业的研发、设计和生产，并在消费领域贡献知识与技能以创造更优质的消费体验环境。这都说明了互联网时代，价值不再来源于生产者，而是建立在消费者参与的基础上，且价值最终由消费者决定。

社群经济的诞生与发展，使消费者与企业开展价值共创成为现实，企业通过建立社群，将消费者纳入价值创造体系，使其成为产品或服务生产中的重要成员。社群经济将价值共创从理念变为现实，推动了传统价值创造模式的发展与创新。

2. 自我概念一致性

自我概念一致性是社群经济形成的必要条件。自我概念一致性是社会网络理论的一个概念，指社群成员经过对自我与社群及社群成员的比对后产生了一种自我对社群及社群成员一致性的主观认知，若一致性较高，则说明社群成员认为自我与社群或其他社群成员具有较高的相似性，反之，则说明社群成员认为自我与社群或其他社群成员具有较低的相似性。

社群经济价值主要在于对“人”的关注，同一类社群聚集的是对某一种或某一类品牌具有共同爱好的人群，将这些具有类似兴趣爱好的人聚集在一起，在放大每一个个体的需求与价值的同时，也为企业或品牌寻找到了巨大的目标市场。而将这些个体长久地聚集在一起的内在逻辑便是自我概念一致性，在一个自我概念一致性较高的社群中，成员之间具有相似的价值观、爱好、品位。自我概念一致性很多时候是以社群文化为载体的，社群文化反映了一个社群的价值观与存在的价值。例如罗辑思维，这一在线知识社群非常重视对自身文化的建设，将自身定位为“打造自由人自由联合的知识社群”，正是这一社群文化吸引了众多年轻的知识阶层，促使罗辑思维的核心产品的用户突破 3000 万人，同时罗辑思维的估值也过百亿元。

3.“意见领袖”

社群经济致力于推进“去中心化”，但少不了“少数人”在其中发挥作用。“少数人”与其他成员相比，他们具有强大的号召力和影响力，通过其自身的人格魅力将社群成员聚集在一起，这类人被称为“意见领袖”。社群经济中的“意见领袖”因为对某类产品或服务拥有更多的知识和经验，能为其他成员过滤、解释并提供产品或服务信息，进而影响其他成员的消费态度与行为。

小米社群中的手机爱好者大多数是MIUI系统的核心用户，基于对MIUI系统的认可，他们参与了MIUI最初的设计与改进，之后顺理成章地成为小米手机的第一批用户，这些人便是小米社群中的内容贡献者和“意见领袖”，也是小米的第一批传播者。社群经济发展的后期，可能会呈现一个多中心化的局面，社群分解为更多的子社群，每一个子社群都存在一个中心化的产品和“意见领袖”。

4. 社群忠诚

社群想要持久地存在下去，需要忠诚的用户的支持。凯文·凯利在其著作中指出，为了谋生的话，作为一名工匠、摄影师、音乐家、设计师、作家、App开发者、企业家或发明家，你只需要 1000 个铁杆粉丝。铁杆粉丝被定义为购买你任何产品的人。这些人会不远千里来看你的演唱会，会购买你设计的任何作品，会喜爱你不那么完美的雕像等，这形象生动地说明了粉丝忠诚的重要性，这种逻辑同样可以应用于社群经营当中。一个成功的社群必然具有一批高参与黏性的社群粉丝，社群经营者与他们积极地互动交流，推进社群的改进和完善，这些社群粉丝在社群参与过程中获得了参与感与归属感。当然，企业发展社群经济大多数以某一品牌或产品为载体，如小米社群的小米手机、罗辑思维的核心课程，因此，社群忠诚有时候通过社群成员的品牌忠诚反映。忠诚的用户会进行口碑传播，将社群或品牌推荐给他人，从而形成一股强大的吸引力，为社群或品牌带来更多的用户。

2.2.4 社群经济的营销模式

社群经济是互联网时代的典型产物，它拉近了企业与消费者之间的距离，为企业营销创新提供了新思路，而移动互联网技术的发展使社群经济的作用被无限放大。小米和罗辑思维的成功使社会认识到，企业只要具备优质的产品，即使不依靠传统的营销模式也会获得市场，获得消费者的忠诚。这意味着传统营销模式或传统商业模式已经被动摇，新的商业模式正在形成。那么，社群经济的商业营销目前有哪些形态？它们具有什么样的特征呢？我们总结了以下几点。

1. 粉丝经济

粉丝经济伴随互联网的发展成为趋势，粉丝是消费者，但消费者不一定是粉丝。粉丝相比消费者的商业性质，更多体现的是一种情感认同，因此粉丝行为超过了消费者消费行为的范畴。一个成功的企业在于其将消费者变为粉丝，从而与消费者建立突破商业交易的情感连接。

案例：锤子科技

锤子科技早期的成功是粉丝经济的典型代表。锤子手机的用户十有八九是锤子科技创始人罗永浩的粉丝和追随者。作为一名创业者，罗永浩凭借其极具个性的言论和行为受到一大批年轻人的追捧，乃至坚果Pro 1 问世后很多粉丝不去关注手机本身的性价比而去购买。人们把这种行为背后的逻辑归结为情怀，其实本质上就是对罗永浩个人的一种追捧和崇拜。不去对锤子手机的当前和未来做评价，也抛开锤子早期取得成功的模式，仅仅是锤子科技将罗永浩的粉丝变为锤子手机的用户与粉丝就值得我们思考。

当然，锤子科技的早期成功并不是鼓励企业去培养或聘请具有人格魅力的管理者，粉丝经济背后的逻辑是企业需要去挖掘消费者的需求与价值，满足消费者的需求才能获取消费者的价值，这是互联网时代与传统工业时代的本质区别，互联网时代的企业先界定客户需求，再研发产品，而在传统工业经济时代，企业先定义产品，再开拓市场。社群为企业发展粉丝经济提供了平台与场所，互联网社群将其规模无限放大，因此粉丝经济成为了社群经济的一大营销模式。

2. 产销合一

世界著名未来学家阿尔文·托夫勒于 2006 年 5 月在其著作中提出了一个新的概念——产销合一，又称为生产性消费者。阿尔文·托夫勒将生产和消费同期行为者称为产消者，他认为产消者所创造的经济量相当于或超过非正式生产部门所提供的产值。可以说，这一理念的提出揭示了互联网时代经济发展的本质或表达了这种潮流，提醒企业应当重新定位用户的角色。

在工业经济时代，物质相对匮乏，企业崇尚的是大规模生产，用户只能被动地接受与购买企业提供的产品，因此商业环境信息不对称普遍存在。互联网经济时代带来最多的东西是信息，信息本身就是现代商业活动中的一个基础性元素。首先，信息的丰富打破了信息不对称的壁垒，使之前依托信息不对称方式存在的商业模式发生了改变，由此使企业的经营行为和做产品的思路都发生了改变，甚至引起企业内部结构发生改变。而信息壁垒的打破又促使信息流动变得更加简单容易。其次，信息的丰富直接影响了消费者的行为，从而影响企业产品营销的方方面面，如做什么产品、找什么市场、满足用户的哪些需求等。这两个方面的改变使企业传统的商业模式必然面临极大的挑战。而一个创造性的解决措施，便是“产销合一”，让消费者参与到产品的制造加工中来，生产自身需要的产品，并不断挖掘潜在的需求。

案例：小米：让“米粉”参与研发生产

目前，国内外绝大多数手机品牌在产品上市后，性能和操作系统基本定型，出现问题只能在下一款产品的研发中解决，例如苹果的iOS系统基本上一年做一次全面的更新，安卓则是半年一次，但小米却开创了操作系统MIUI一周更新一次的模式。

MIUI系统之所以能够做到一周更新一次，根本上是小米改变了传统操作系统“闭门造车”的模式，将用户纳入开发系统中，与用户共同创造价值。MIUI开发组成员在工作中的一个重要内容是逛小米各种类型的在线社群，如论坛、微博、公众号等，其目的是收集各个社群平台中用户的意见与反馈，以快速发现产品存在的问题并立刻解决。小米的这种研发模式极大地提升了“米粉”们参与MIUI升级更新的热情，他们将自己也看作产品的生产者。此外，MIUI论坛针对用户的参与程度开设了“荣誉开发组”的版面，让用户在贡献中获得成就感。正是这种对“产销合一”的实践，使得小米的产品得到了市场的高度认可，因为从某种角度看，用户就是小米产品的生产者，而任何人都会支持自己制造的产品，并对其投入更多的关注。

目前，“众筹”是一个热门话题，指通过互联网，把原本分散的用户、投资者挖掘出来并聚拢起来，为那些创意、创新、个性化的产品找到促进其发展的社会资源。“众筹”是“产销合一”思维突破商业领域的一个体现。

3. 情景营销

情景营销是企业现代营销中的一个概念，指企业在营销过程中使用形象贴切的表述为消费者制造一种消费产品后的美好画面，从而引起消费者在情感上的波动与共鸣，促进消费者产生购买行为。企业情景营销是通过与消费者心理与情感的互动来达到营销的目的，在大多数情况下，消费者的购买行为可能仅仅是为了匹配某种情景，如一篇关于旅行的高质量推文可能会促使读者去购买旅行必备的一些物品、某一品牌的相机等。

互联网社群为企业开展情景营销提出了技术支持，企业可以随时随地地为用户构建消费情景。例如，社群中某一消费者基于对产品的消费体验而发布的一些关于产品的积极信息或产品故事，一旦这些信息和其他消费者生活中的场景或心得具有一定相似性时，便会引起他们的情感共鸣。得益于电子商务与移动支付技术的发展，这些消费者也许在等车、吃饭的间隙便会下单支付，完成交易。总而言之，企业的营销与推广如果没有触动用户的内心，只会变为单向的广告宣传而得不到回应，对消费者消费场景的观察与制造会为企业带来意想不到的商机。

综上，社群经济背景下的企业营销模式主要有粉丝经济、产销合一、情景营销三种类型，这些模式颠覆了传统的营销理念，将用户看作营销活动的核心，从用户的需求出发，培养其产品使用黏性和忠诚度。在互联网时代，如果企业能够将产品营销和社群经济完美地结合，充分发挥社群的作用，一定会创造新的利润源，从而在激烈的市场竞争中生存并不断发展。

2.3 在线品牌社群是社群经济的载体

2.3.1 什么是品牌社群

品牌社群就是使用同一品牌的消费者组建的不受地理限制的社会关系群体，品牌是这个群体的核心凝聚力，而消费者与企业、消费者与品牌、消费者与消费者是品牌社群中的三种主要社会关系，其中消费者与品牌、消费者与消费者是关键社会关系。学者们普遍认为，品牌社群的出现将企业营销中原本的消费者二元结构升级为“消费者—品牌—消费者”的三元结构，如图 2-2 所示。

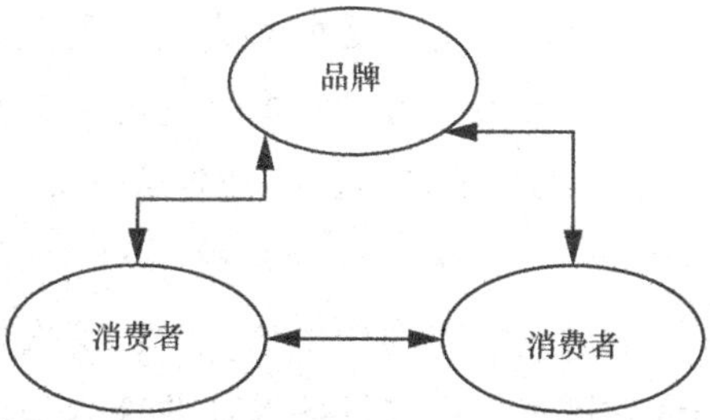

图 2-2 品牌社群的三元结构关系

美国某营销学者曾提出，品牌社群具有传统社群的三个基本特征：共同意识、共同的仪式和传统、责任感。其中，共同意识是一种集体意识，用来说明社群中成员之间的内在联系，是和群外人相区分的关键要素；共同的仪式和传统是品牌社群成员社会化的载体，品牌和品牌社群的文化与价值观通过社群共同的仪式和传统得以传播与传承；责任感是社群成员感知到的对社群及其他成员负有的责任和义务，表现为社群公民行为。这三个特征是品牌社群的核心要素，也是品牌社群形成的关键要素，缺了任何一个都不能形成品牌社群。在品牌社群中，消费者们基于对品牌的情感认同会感知到品牌所表达的精神文化、所宣扬的价值观与自己的追求是一致的，从而产生情感上的互动，具体表现为对品牌社群的依附感和对品牌的忠诚感。

案例：哈雷车友会——将品牌打造为图腾

1983年哈雷面临破产，但2008年哈雷以78亿美元的身价跻身全球五十大品牌行列，哈雷是如何做到的？答案是哈雷将自身打造为摩托车品牌的图腾。哈雷从走出绝境到迈向巅峰仅仅用了25年，这主要得益于它将品牌社群做到了极致。1983年，哈雷成立了哈雷车友会（Harley Owners Group，HOG），HOG的组织者从最开始就决定不只是建立一个会员交流互动式社群，而是要建立一个“文化聚合体”，不只是通过哈雷文化去吸引粉丝来营销产品，而是要让粉丝与HOG一起互动，开展特征鲜明、轰轰烈烈的文化运动。HOG借助一年一度的庆祝活动、哈雷大奖赛、骑行计划、哈雷故事会等活动，不断地满足会员们释放激情、展示自我的渴望与需求。HOG是由一群热爱哈雷的人员组成，他们因相似的生活方式和行为方式以及对哈雷品牌精神的认同而聚集在一起。他们购买哈雷，不只是获得了一辆个性的摩托车，还意味着他们成为了一个集体的成员，这个集体超越了国别与阶层的限制，将具有共同价值追求的人们联系在一起。哈雷通过这个集体向人们表达了自由与激情，从而将哈雷从一个品牌升华为内心世界的图腾。

社会经济的发展丰富了人们的物质生活，但也使人与人之间的距离被逐渐拉大，人们渴望一种归属感，这是社群存在的理由与价值。随着物质生活的提高，各种品牌层出不穷，混乱了消费者的品牌认知，品牌社群的出现使对同一品牌有共同爱好的消费者找到了组织，满足了他们品牌消费的归属感，进而提升了他们对品牌的忠诚度。

传统的品牌管理者经常会说到一个名词——口碑，但他们没有为消费者提供帮助品牌进行口碑传播的内容和场所，品牌社群的出现改变了这一情况。它将消费同一品牌的消费者聚集在一起，将口碑的力量汇聚一堂，实现了消费者对品牌的大规模推广和传播。此外，传统的品牌管理者并没有认识到消费者在市场中的主导地位，并不认为基于人文和情感的交流能够激发消费者的购买行为和口碑宣传。但随着社会的发展，尤其是品牌社群的出现，企业与品牌管理者已经开始改变传统的管理思维。文化营销是 21 世纪企业营销的新概念，在这一理念下，企业往往会赋予自身、品牌、产品一些特殊的文化内涵。但文化营销如果不能和消费者的生活体验、社会文化精神相匹配，只能是徒劳无功的。无论是传统行业还是新型行业，它们都可以找到适合自身文化营销的触动点，这些触动点必然是消费者、品牌和文化的交汇点。而品牌社群的出现为企业汇聚客户、把握触动点、引爆触动点提供了一个优质的平台。

总而言之，品牌社群的产生是社会消费发展的新趋势，引起了企业界与学术界的广泛关注，而对品牌社群的关注标志着消费者行为研究范式从个体研究走向了群体研究。

2.3.2 什么是在线品牌社群

在线品牌社群是成员之间以互联网为主要沟通媒介所形成的结构化社会关系网络，是传统品牌社群在互联网中的表现形式。基于此，在线品牌社群也是品牌社群的一种形式，但它存在于一个虚拟的环境中，社群成员主要借助互联网进行在线的互动与交流。在线品牌社群可以是传统的品牌社群向互联网延伸的结果，也可以是品牌的虚拟社群产品，具体如图 2-3 所示。

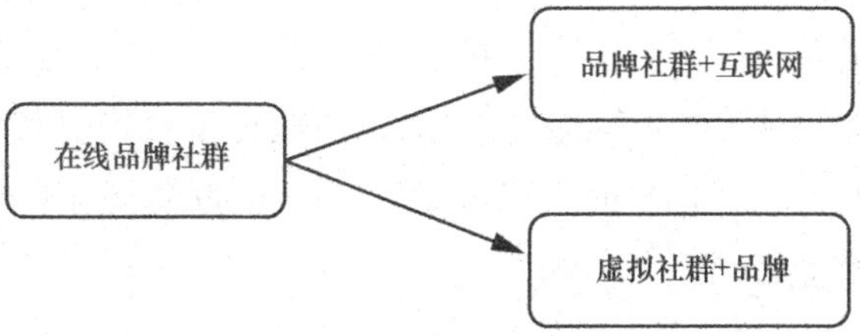

图 2-3 在线品牌社群的形态

一般认为，在线品牌社群除具有传统品牌社群的三个主要特征之外，还有两个十分重要的属性：一是在线品牌社群突破了传统品牌社群在时间上的局限，社群成员实现了全天候的互动交流；二是不同于传统社群的交流方式，在线品牌社群以互联网为主要的交流媒介。

随着移动互联网技术的不断发展，在线品牌社群逐步成为企业发布产品信息、用户之间共享产品信息和互动交流的主要渠道，这其中的根本原因在于与互联网发展的早期阶段相比，移动互联网技术进一步拉近了企业与消费者、消费者与消费者之间的联系，并有助于构建不同于现实社群归属感的虚拟社群归属感。因此，在线品牌社群成为当前互联网背景下企业发展社群经济的主要"阵地"与载体。

2.3.3 在线品牌社群让用户成为商业节点

在线品牌社群的功能与价值除上述品牌社群的功能与价值之外，也为消费者与企业创造了新的利益。

首先，作为一个网络互动平台，在线品牌社群能够及时地响应用户的需求和快速推广品牌信息，极大地提高了传统品牌社群信息传递与共享的时效性，降低了用户的信息搜寻成本和企业信息推广成本。同时，在线品牌社群在当前的营销体系中扮演了一个能主动感知用户期望的角色，如企业经过对在线品牌社群中的大数据进行分析后能够发现用户对品牌或产品未来性能和设计的主流愿望，这充分展示了在线品牌社群作为一个新型的营销工具和媒介在挖掘用户价值方面的巨大潜力。企业通过与在线品牌社群中"意见领袖"的互动交流，进一步确认用户的需求，并把握新产品应当具备的特征及其未来发展趋势。其次，不同于传统的品牌社群，在线品牌社群将不同层次或不同阶层的用户聚集在一起，扩大了传统品牌社群的边界，企业通过在线品牌社群中的市场测试来获取产品创新理念，使其更符合市场和消费者的需求。在线品牌社群也为不同阶层的人们提供了一个互动交流的平台，这是传统社群或品牌社群难以做到的。

案例：罗辑思维——让用户成为商业节点

罗辑思维是目前国内最成功的在线知识品牌社群，估值近百亿元，主要产品包括微信公众订阅号、脱口秀《罗辑思维》、知识服务App——得到App。

从建立社群，让人与人之间产生连接，进而转移资源，产生商机，得到App创办人罗振宇的初衷是让每个人凭借自身在社交圈子中的某一小领域的权威和信任形成资产，从而重构商业文明。罗辑思维将目标用户定位为出生于1985年以后的白领读书人群，并将这类人界定为具有共同的价值观，并积极寻求精神上的优越感。罗辑思维为这个群体提供了独立思考的途径，力求最大程度地唤起他们独立思考的能力，培养他们分享的习惯。知识脱口秀节目《罗辑思维》是罗辑思维的主打产品和宣传名片。通过视频的大范围传播，罗辑思维将具有相同或相似价值观的人聚集在一起，开展各种形式的互动交流。同时罗辑思维从两个方面进行扩散：一是进一步挖掘内部成员关系；二是向外部拓展。那些有才华有能力的人实现了在罗辑思维百万人级别用户面前展示自我，并获得各类支持，从而形成无数的商业节点，比如某个用户通过在社群中分享某个极具商业潜力的创意便会获得社群内外各方人的投资，这种情况在罗辑思维已经形成了一种常态。

兼具内容互动与精神交流，加之用户付费模式，罗辑思维将在线社群运营得风生水起，成为了国内发展社群经济的典范。

总而言之，在线品牌社群作为传统品牌社群在互联网中的延伸，使企业以更低的成本获得了与消费者之间更为便捷密切的互动关系，进一步提高了企业在互联网时代中营销模式的有效性，从而成为当前一个极具热度的商业形态。这也是本书写作的一个出发点，本书将在后续章节对在线品牌社群的构建、运营及其商业价值做进一步的阐述与分析。

参考文献

[1] [法]古斯塔夫·勒庞. 乌合之众：大众心理研究[M]. 桂林：广西师范大学出版社，2007.

[2] 叶盛珺. 关于有效传播在优质网络社群中的实现[D]. 杭州：浙江大学，2017.

[3] [美]尤查·本科勒. 企鹅与怪兽：互联网时代的合作、共享与创新模式[M]. 杭州：浙江人民出版社，2013.

[4] 阿拉斯代尔·麦金泰尔. 德性之后[M]. 北京：中国社会科学出版社，1995.
[5] [英]兰·费雪. 完美的群体[M]. 杭州：浙江人民出版社，2013.
[6] 殷少明，杨宁，王鑫. 基于社会网络理论的虚拟品牌社群认同、客户契合与品牌忠诚关系研究[J]. 新疆财经，2018(4)：30-39.
[7] 张培培. 重回"部落"？——互联网社群兴起的原因及其可能意义[J]. 东岳论丛，2017，38(12)：180-186.
[8] 罗珉，李亮宇. 互联网时代的商业模式创新：价值创造视角[J]. 中国工业经济，2015(1)：95-107.
[9] 简予繁. 以关系洞察效果：社会资本理论在西方数字营销研究的应用评述[J]. 新闻界，2016(3)：4-13.
[10] Christiansen J K, Varnes C J, Gasparin M, et al. Living Twice: How a Product Goes through Multiple Life Cycles[J]. Journal of Product Innovation Management, 2010, 27(6): 797-827.
[11] 胡雪娇. BBS用户行为分析[D]. 北京：首都师范大学，2014.
[12] 朱良杰，何佳讯，黄海洋. 数字世界的价值共创：构念、主题与研究展望[J]. 经济管理，2017，39(1)：195-208.
[13] Miller E. Community Economy: Ontology, Ethics, and Politics for Radically Democratic Economic Organizing[J]. Rethinking Marxism, 2013, 25(4): 518-533.
[14] 金立印.虚拟品牌社群的价值维度对成员社群意识、忠诚度及行为倾向的影响[J]. 管理科学，2007(2)：36-45.
[15] Dholakia U M, Bagozzi R P, Pearo L K. A social influence model of consumer participation in network-and small-group-based virtual communities[J]. International Journal of Research in Marketing, 2004, 21(3): 241-263.
[16] 潘佳，刘益，李瑶. 客户参与新产品开发中客户角色探究[J]. 科技管理研究，2014，34(24)：75-80.
[17] Nahapiet J, Ghoshal S. Social capital, intellectual capital, and the organizational advantage[J]. Academy of Management Review, 1998, 23(2): 242-266.
[18] 童莉莉，李荣禄，闫强. 在线知识社群中的"意见领袖"识别模型研究[J]. 中国电化教育，2019(3)：97-103.
[19] 陈赞成. 从"用户竞争"到"粉丝经营"，运营商如何转身?[J]. 通信世界，2016(15)：26-27.
[20] 范志国，柴海静. 在线品牌社群中客户参与、客户契合与品牌忠诚的关系研

究——感知不确定性的调节作用[J]. 财经论丛，2017(7)：95-103.
[21] 章文宜，代玉玲. 养成系偶像节目中大学生粉丝的满足、迷失及引导——以《创造101》为例[J]. 浙江理工大学学报(社会科学版)，2019(3)：1-6.
[22] [美]阿尔文·托夫勒. 财富的革命[M]. 北京：中信出版社，2006.
[23] 贺寨平，金宇星. 虚拟空间中的社会资本——以微信“轻松筹”中的大病众筹为例[J]. 天津师范大学学报(社会科学版)，2019(2)：54-60.
[24] 屈绍建，卢艳玲，纪颖. 社交网络推送下的众筹融资机制分析[J]. 中国管理科学，2019(3)：1-10.
[25] 李晨溪，姚唐. 气象因素如何影响消费行为?基于情境营销理论的气象营销机制[J].心理科学进展，2019，27(2)：191-200.
[26] Muniz A M, O'Guinn T C. Brand Community[J]. Journal of Consumer Research, 2001, 27(4): 412-432.
[27] 杨宁.虚拟品牌社群中存在消费者公民行为吗?——基于社会网络的研究视角[J].吉林工商学院学报，2018，34(2)：46-52.
[28] 廖俊云，黄敏学，彭捷. 虚拟品牌社区成员社会化策略及其策略[J]. 南开管理评论，2016(5)：171-181.
[29] 杨洋，胡茜茜，裴学亮. 基于小米公司案例的品牌社群认同形成机制的模型构建研究[J]. 管理学报，2017，14(12)：1737-1746.
[30] 孙鑫. 企业文化营销及其与核心竞争力关系研究[D]. 北京：北京交通大学，2012.
[31] Madupu V, Cooley D O. Antecedents and Consequences of Online Brand Community Participation: A Conceptual Framework[J]. Journal of Internet Commerce, 2010, 9(2): 127-147.
[32] 曾德国，聂中文. 国外在线品牌社群研究综述[J]. 商业经济研究，2016(6)：44-45.
[33] 赵建彬. 品牌社群网络关系对社群绩效的影响心理反应机制研究[D]. 武汉：华中科技大学，2015.

第3章 在线品牌社群的市场前景

案例：我们都爱“爆米花”！

小米爆米花是小米公司官方组织的大型线下“米粉”活动，自2012年起，已先后在国内外多个城市举办“爆米花”活动，深受广大“米粉”的喜爱。每场“爆米花”活动规模在300人左右，活动内容包括表演、游戏、抽奖、互动等多个环节，小米创始人雷军及小米高管也会亲临现场与“米粉”们一起狂欢。“爆米花”已成为小米和“米粉”们深入互动的平台。

对于在线品牌社群，其存在的合理性不仅仅体现在对企业具有的巨大商业价值上，更重要的是给消费者的消费体验与意义赋予了新的内涵，因为从根本上来讲，市场需求决定着企业经营的成败。市场需求是任何一个企业需要明确定位的内容，只有满足了市场需求，企业才有立足市场的基础和可能性，而成功的企业往往能把握、优化甚至创造市场需求。那么，从消费者的角度出发，在线品牌社群具有什么价值呢？或许我们可以从上面的案例中获得一些启发。同时，这个问题的深入解答能帮助我们从消费者的角度讲清楚在线品牌社群为什么深受企业与消费者的追捧。

价值的形成是增加在线品牌社群消费者参与黏性的重要因素之一，即在线品牌社群之所以对消费者具有吸引力，是因为它具有价值，这些价值满足了消费者的需求，因此消费者愿意留在社群中，以便在未来继续获取价值。通过对理论研究与实践经验的梳理，我们认为，在线品牌社群对消费者而言具有三个核心价值：功能价值、财务价值、社会价值，这三类价值层层递进，共同构成了在线品牌社群的“金字塔”价值体系，具体如图 3-1 所示。

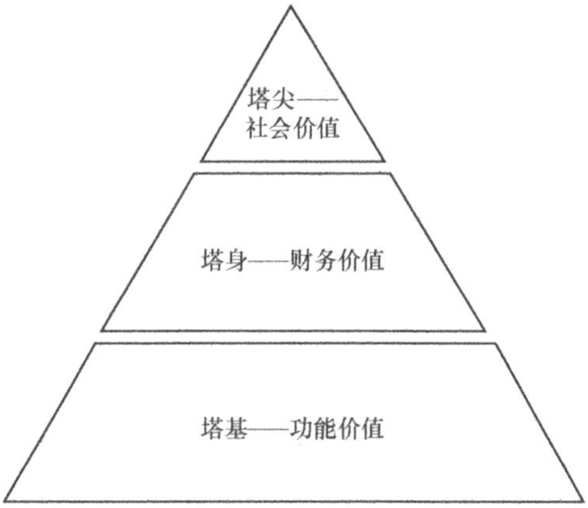

图 3-1　在线品牌社群的“金字塔”价值体系

3.1　塔基——功能价值

在线品牌社群对消费者而言最基础的价值是功能价值。功能价值是指消费者通过社群参与能够获得关于产品购买与使用的信息，以及获取这些信息的便捷程度与效率。消费者参与在线品牌社群最原始的目的是获取信息，如在购买产品前的决策信息、产品使用中的指导策略和遇到使用问题时的解决方案等，因此，能否获得这些信息以及获取这些信息的便捷性是在线品牌社群功能价值的重要体现。

1. 获得有效信息

任何一次消费都是以消费意愿为起点，当消费者有意购买某一品牌产品时，他们首先会去收集产品的相关信息，而传统的由企业广而告之的产品宣传在互联网时代显得苍白无力，消费者们更愿意通过主动探索的方式去获取信息，因为从自我效能的角度讲，消费者会更加相信自己主动获得的信息，而不是由企业单向宣传的信息。清华大学互联网产业研究院院长朱岩教授在

2020 年 4 月 8 日的公开演讲中阐述了这样一个观念：信任是数字经济发展的基础，传输与构建信任是互联网时代的企业需要关注的焦点。基于此，他认为，在数字时代，企业的营销方式应该从“广而告之”向“窄而交互”过渡。这些现象与观念都贴切地反映了在线品牌社群对消费者的价值。首先，在线品牌社群为消费者主动搜集品牌信息提供了平台，社群中的主体是消费者，产品好不好、值不值得购买类似的话题，使用过的人最有发言权，这些信息的获取会对消费者的购买决策产生重要影响；其次，在线品牌社群为“窄而交互”的营销方式创造了条件，潜在消费者在进入社群后可以和产品官方人员以及其他消费者进行互动交流，这种近距离的交互会使他们基本了解自己是否喜爱这款产品。由此可见，在线品牌社群为消费者在购买产品之前的决策提供了丰富的信息。

在智能手机与社会化媒介大规模普及之前，消费者在买完产品后几乎是一个孤立的消费者个体，因为消费者与消费者之间以及消费者与企业之间缺乏沟通的媒介。在这种背景下，一旦产品出现问题或者消费者对使用的产品存在疑惑，往往是和产品流通链条的上级去沟通，但是这种方式成本太高，很多消费者不会选择，因此可能一个极小的产品问题便会导致消费者对产品产生消极态度，结果是企业与消费者“两败俱伤”，不欢而散。这种情况在在线品牌社群诞生之后便得到了极大改善。购买产品前后，消费者都不再是一个孤立的消费者，产品使用过程中遇到任何问题与疑惑，他们都可以在在线品牌社群中寻求帮助与解答，无论是企业官方人员还是其他消费者都会出于不同的目的而出谋划策，这个过程便是“窄而交互”的具体体现。

2. 高效获得信息

在传统的营销模式与渠道下，消费者获取信息的主要途径依赖于传统的媒介（电视广告、传单等），这些途径具有极大的缺陷，对企业来说成本高、见效慢，对消费者来说缺乏可信度且时效不足，更重要的是消费者在购买产品之后缺乏高效的反馈途径。

在线品牌社群为消费者高效获得信息带来了便捷性。在线品牌社群与传统的营销方式相比最大的区别就是在线品牌社群跨越了时间和空间的限制，使消费者能够在任意时间和地域，通过各类通信媒介快速地进入社群网络平台，并且精准地获取自身需要的信息以及与品牌或产品相关的最新资讯，甚至与企业建立最直接的互动关系。这种改变彻底颠覆了企业的产品推广方式和消费者获取消费信息的渠道。

总之，功能价值构建起了在线品牌社群价值体系的基础，是在线品牌社群聚粉、吸粉的根基，也是企业在互联网时代背景下变革营销模式的最直白的体现。没有功能价值，在线品牌社群任何形式的运营都是镜花水月。

案例：花粉俱乐部——因为热爱

花粉俱乐部是华为旗下的官方唯一粉丝在线交流互动平台。花粉俱乐部旨在为“花粉（华为粉丝）”第一时间呈现华为最新的产品和服务资讯，帮助粉丝解疑答惑，并通过组织丰富的线上与线下活动提升和延伸粉丝的产品体验。目前，花粉俱乐部是华为聆听消费者真实声音的窗口。

消费者成为花粉俱乐部成员的方式很简单，只需在俱乐部官网注册即可。成为俱乐部成员后，消费者可从平台上获得各类信息，从品牌的最新动态、购买产品的方式到产品的相关知识和使用方法等应有尽有。社群成员也可以在“论坛”版块提问或者留言，与其他成员进行相互交流和沟通。在“圈子”“随手拍”等版块，成员们的交流内容呈现多元形式，可以文字、照片以及视频等方式进行共享。

3.2 塔身——财务价值

相比功能价值，在线品牌社群对消费者而言高一级的价值是财务价值。在线品牌社群的财务价值和交易需求相匹配，消费者通过加入在线品牌社群、参与社群活动等获得财务方面的收益，例如可以享受到的优惠。

不可否认，功能价值是在线品牌社群价值体系的基础，但不是唯一的价值，因为功能价值的可模仿性较强，不足以帮助企业通过运营在线品牌建立市场竞争的优势。此外，功能性需求得到满足后，消费者的参与动机就会下降，这时开发新的社群价值对于社群运营者来说是十分必要的，这时财务价值就是一个很好的选择。

具体而言，一方面，在线品牌社群的财务价值是指只有在线品牌社群成员才能享受到的消费服务，如优先购买、价格优惠、积分兑换、送货上门、售后保养维护等，这些价值是消费者的社群成员身份所提供的价值；另一方面，财务价值也可以是来自社群的规模效应，社群规模越大，消费者所具有的讨价还价的能力就越强，从而利于形成买方市场，最终使消费者在消费过程中节省成本。财务价值作为在线品牌社群重要的价值维度不仅满足了消费者的经济性需求，同时对企业而言也提高了消费者的满意度与口碑传播意愿，消费者们一旦在社群参与过程中获得了优惠，往往会向身边的人传播与推荐自己获得价值的途径与方式。

财务价值相对功能价值来说，为消费者带来了实实在在的经济利益。功能价值的获得对消费者而言似乎是一种摸不着看不到的价值体验，主要目的是吸引消费者加入在线品牌社群；财务价值则会使消费者更加切实地体会到在线品牌社群的价值，因为财务价值的获得是一种实实在在的价值体验。因此，相比功能价值的奠基作用，财务价值更多的是为了强化品牌与消费者、社群与消费者之间的关系，通过使消费者获得切实的经济收益促使他们不但愿意继续保留社群成员身份，而且还会积极地参与到社群中去。可以说，财务价值支撑起了在线品牌社群，丰富与夯实了社群的价值内容，并与功能价值共同构成了在线品牌社群的“硬实力”。

案例：花瓣——专属花粉的货币

“花瓣”是花粉俱乐部针对“花粉”们推出的一种虚拟货币。花瓣在获取之日起两年内有效，目前有两种消费方式：一种是在花瓣商店兑换礼品或者参与抽奖活动；另一种是在华为商城购买商品抵扣现金。这两种消费方式只有俱乐部中的“花粉”才能参加。花瓣的获取方式众多，包括社群签到、完善个人资料、发表主题帖、回帖、参与社群投票活动等。

花瓣是“花粉”们在花粉俱乐部的资产，其获取方式与消费方式人人平等。“花粉”们使用获得的花瓣在花瓣商城和华为商城中可任意兑换自己喜爱的产品（仅限参与活动的产品）而不需要花费现实中的现金。这种社群运营方式为“花粉”们创造了可观的社群经济利益，“花粉”们在闲暇之余即可登录社群通过各种途径获取花瓣，这极大地提高了他们参与社群的积极性。

3.3 塔尖——社会价值

在线品牌社群对消费者而言最高阶的价值是社会价值，如社交情感、娱乐、身份等具有社会属性的价值。社会价值从学术角度来讲，是指消费者为了满足自身的社会交往需求，通过与社群以及社群内部其他成员建立联系，并开展互动而获得的社群价值，我们也可以称之为社交价值。社会价值是在线品牌社群价值体系的“塔尖”，这意味着社会价值是社群运营需要打造的终极价值内容，如果说财务价值的构建是社群运营成功与否的“分水岭”，那么社会价值便是社群运营的巅峰，是在线品牌社群的“软实力”。

建立在社交媒体平台上的在线品牌社群为消费者们提供了跨越时间和空间限制的便利条件，社群成员们可以随时随地与其他成员进行交流，从而促进不同文化、不同习俗的碰撞和交流。通过参与社群内部的活动，进行互动和沟通，成员们彼此互惠合作，进一步相互信任，从而实现自身的社会价值。因此，社会价值是在线品牌社群与生俱来的属性，对企业与运营者而言，关键在于如何将其充分挖掘与利用，以创造与之匹配的商业价值。在线品牌社群的社会价值包括社交情感价值、娱乐价值和身份价值。

1. 社交情感价值

在线品牌社群将具有不同文化背景和风俗习惯的，且对同一品牌和产品有共同喜爱与态度的消费者聚集在一起，构建起在线的人际关系网络。在这张网络中，消费者们以品牌或产品为核心进行互动交流，参与社群活动，相互帮助，相互支持。在这个过程中，他们会获得友谊、信任和归属感，因为大家都知道彼此是因为某一个共同的喜好而相聚的，这一点是很重要的。在现实生活中，人们为了自己的目标而忙碌，很少有时间和心思去寻找那些与自己有共同喜好和价值观的人。但在线品牌社群使人们以极低的成本便找到了这些人，使这些人以共同的兴趣和爱好形成“组织”，在这个组织中，人们可以围绕一个共同点畅所欲言，共享经验与心得。由此可见，在线品牌社群其实是作为现实生活中的社会交往的补充而出现的，它为消费者们创建“消费者共同体”提供了平台，满足了消费者们在现实生活中难以得到满足的社会交往需求。

2. 娱乐价值

在线品牌社群的娱乐价值显而易见，一方面，消费者们与具有相同喜好的人进行交流与互动；另一方面，在成为社群稳定的成员后，消费者们通过参与各类线上与线下的社群活动，心情变得愉悦。例如，小米社群线下的同城会、爆米花等活动，通过开展各类游戏活动愉悦“米粉”们的心情，促使“米粉”和小米建立更加和谐的连接关系。

3. 身份价值

在线品牌社群的身份价值体现在两个方面。一方面是对内。在虚拟世界中，人们依然会像在现实中那样希望获得他人的尊重。在在线品牌社群中，那些高度了解品牌与产品的消费者往往会成为社群中的中心人物或“意见领袖”，并受到其他成员的认可与尊重，他们的品牌态度与行为会极大地影响其他成员的消费意愿。另一方面是对外。社群身份有时也是个人身份的象征，代表了个体的社会地位。通过打造身份价值获得成功的案例当属摩托车品牌哈雷在 1983 年成立的“哈雷车友会”，这一举措将哈雷摩托车从一个代步工具变成了一种身份、理念的代名词，从而实现了其品牌增值。

通过这一章的分析，我们可以进一步理解，为什么在线品牌社群的发展会成为当前以及未来企业变革营销模式的契机，因为无论是对企业还是对消费者而言，这一新型的社会网络结构都有其无穷的价值。企业在运营在线品牌时需要对这几类价值格外关注。

参考文献

[1] 吴国林. 以市场需求为导向下企业经营管理探析[J]. 现代商业，2017(7): 125-126.

[2] 陈慧，杨宁. 社会网络视角下在线品牌社群价值共创机制研究——客户契合的中介作用[J]. 中国流通经济，2019，33(9): 103-113.

[3] 杨宁. 虚拟品牌社群价值共创机制研究[D]. 乌鲁木齐：新疆财经大学，2019.

[4] 王晰巍，王铎，郑晴晓，韦雅楠.在线品牌社群环境下企业与用户的信息互动研究——以虚拟现实产业为例[J]. 数据分析与知识发现，2019，3(3): 83-94.

[5] 金立印. 虚拟品牌社群的价值维度对成员社群意识、忠诚度及行为倾向的影响[J].管理科学，2007(2): 36-45.

[6] 王世威. “理性人”假设的流变与包容性对待[J]. 特区经济，2020(1): 23-25.

[7] 郑书琴. 虚拟品牌社群价值对口碑传播意愿影响的实证研究[D]. 广州: 华南理工大学，2017.

[8] 杨宁. 虚拟品牌社群中存在消费者公民行为吗?——基于社会网络的研究视角[J].吉林工商学院学报，2018，34(2): 46-52.

[9] 林晶，赵晓民，冯铃. 虚拟社群中数据共享对品牌信息认知度的影响分析与对策研究[J].情报科学，2018，36(9): 32-38.

[10] Sicilia M，Mariola Palazón. Brand communities on the internet: A case study of Coca-Cola's Spanish virtual community[J]. corporate communications, 2008, 13(3): 255-270.

[11] 王菲，张思. 基于身份认同理论的在线品牌社群聚合机制与商业价值实现路径分析[J].新闻春秋，2019(2): 54-60.

运营篇

第4章 设计在线品牌社群的商业逻辑

案例——一个在线品牌社群的失败案例

作为一个中医爱好者，笔者关注了若干个关于中医普及的微信公众号。一次，根据公众号的推荐加入了一个中医爱好者的群，该群主要是为了推广某知名中医教授的付费视频课程。起初，群主会给大家看该系列课程中部分免费的视频，还负责带领大家进行一些关于课程的讨论，解答一些爱好者提出的个人健康问题，讲解一些关于大家在求医问药时的注意事项。在建立了良好的信任关系后，群主会继续推广该教授的付费课程。

由于这个群的门槛比较高，大多数群友只能扮演咨询者的角色，群的互动很少，作为爱好者，笔者会关注群友提了哪些问题，以及群主是如何回答这些问题的。总体来看，这个社群是不够活跃的，只是购买该教授付费中医课程的一个载体。后来，群主也感觉运营花费得时间较长，而创造的价值不大，就主动解散了这一社群。

但是，过了一段时间，群主又建立了一个新群，这次是购买该教授另外一个新课程。这个操作，从一个消费者的角度来看，是不够成功的：首先，建立一个群是很容易的，但是长期运营并与群内成员建立信任关系是比较难的，随意创建和解散社群，就意味着不愿意也不能给大家提供相应的服务，由此会造成消费者满意度和忠诚度下降；其次，构建一个在线品牌社群的目的到底是什么以及应该怎样运营？群主显然是没有想明白的。

构建一个社群，到底要创造哪些价值？如何创造价值？如何避免在线品牌社群构建的“坑”呢？本章我们将尝试解答这一问题。

社群的发展历史可以追溯到原始社会，那时的社群以部落为代表，由一些处于相近地理位置的人群聚合而成，地理位置是形成社群的重要因素。在现代社会中，随着互联网的发展，社群突破了空间限制，不只是一个社会学概念，而是更多出现在管理学与经济学领域，此时的社群往往指人们以某一共同兴趣、价值观、爱好等为纽带而聚集在一起的群体。此外，微信、微博、QQ等社会化媒体的发展为社群的建立与运作提供了技术支持，进一步加速了社群向商业化转变的步伐，催生了社群经济。社群经济的产生与发展极大地影响了企业传统的商业模式，尤其是对企业的营销模式带来了巨大的冲击与颠覆，以互联网行业为代表，各行各业纷纷建立与运营在线品牌社群以顺应商业时代的发展潮流，其中，小米和罗辑思维等在线品牌社群已经取得了令人瞩目的成绩，成为企业界与学术界关注的焦点。

结合在线品牌社群的相关文献，以及作者的研究成果，我们构建了在线品牌社群商业逻辑的三层模型，将在线品牌社群的商业逻辑设计为三个层次，如图4-1所示，每一层都有若干个关注的重点，以及运营在线品牌社群的管理者需要关注和解决的问题。

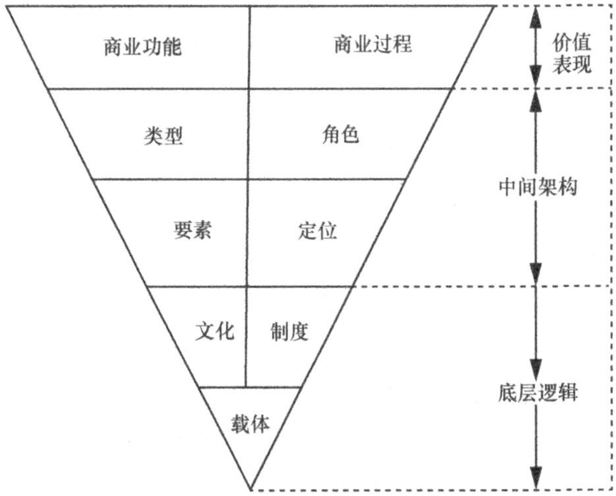

图4-1　在线品牌社群商业逻辑的三层模型

4.1 在线品牌社群的底层逻辑

在线品牌社群的建设与运营首先需要关注底层架构，也就是社群使用什么样的载体提供沟通与交流的平台；其次明确社群的文化规则，促使成员产生归属感，以及是否有相应的制度规范成员行为。

4.1.1 明确恰当的载体

目前，企业建立在线品牌社群的主要载体有三大类：网站社群、微信社群、QQ社群，三种形式的载体各具特色，相得益彰。

① 网站社群的优势在于其可视化极强，成员能够快速找到目标信息与资源，如小米社区，用户进入小米社区便可以看到不同版块，根据自己的目标与兴趣能够快速找到相关信息，极大地节省了搜寻成本。

② 微信社群的优势在于成员在线时间长、活跃度高，微信是当前国内最具热度的社交媒体，具有极为庞大的用户群体。

③ QQ社群的优势在于相比前两者易于管理，如QQ社群可以设置多个管理员、新成员入群需要征得管理员的同意、社群文件与资源可以长期留存等。

当然，三种形式的载体也有各自的不足之处：网站社群成员连接关系较弱、互动频率较低、流动性较高；微信社群的开放性较低，成员数量相对较少且对成员的管理较难；QQ社群往往具有庞大的成员规模，很难发起和沉淀话题讨论，且成员需要翻阅聊天记录才能找到自己需要的信息，搜寻信息的成本较高。三种形式载体的主要特征见表 4-1。

表4-1 三种形式载体的主要特征

项目	网站社群	微信社群	QQ社群
特征	可视化程度高、成员连接关系松散、成员互动频率较低、具有等级结构	话题性较强、成员沟通便利、参与度较强、活跃度较高、没有明显的等级结构	具有较高的规范性、入群及社群参与受到规范的管理、具有明显的等级结构

续表

项目	网站社群	微信社群	QQ社群
社交属性	开放性极强、成员之间的关系极弱	类似于熟人社会、成员之间往往彼此认识	具有一定的开放性、成员之间通过长期交流逐渐熟悉
入群方式	账号注册制，但没有入群，在一定限度内也可以浏览社群内容	没有固定的群号，只有名称，一般通过熟人拉入的方式入群	具有固定的群号，通过申请审核的途径入群
社群功能	提供全面的服务信息，如品牌资讯、产品信息、品牌活动介绍等，同时也可以开设品牌商城	为用户提供一个交流互动的场所	具有丰富的功能，如社群讨论、社群投票、社群信息共享、相册、公告等，兼具在线互动和信息推送功能
社群管理	对网站浏览者不设限制，具有规范的管理条例，如对言论和行为的规范	缺乏规范的管理条例，对社群成员的控制力较弱	从入群到参与都具有规范的管理，成员必须遵守一系列规定，履行义务才能享受权利

网站社群、微信社群、QQ社群只是企业运营在线品牌社群的三种主要形式，对于发展到一定规模的在线社群、网站社群和QQ社群更适合企业开展规范有效的管理活动。为了进一步对社群进行运营，企业需要将以微信社群为代表的在线品牌社群进行转移，根据成员们的兴趣爱好、价值理念等因素对其进行引导，鼓励他们加入网站社群或QQ社群，便于后期的社群管理以及信息推送与分享。

4.1.2 构建清晰的文化

管理学大师彼得·德鲁克曾提出：文化是企业的第一生产力。先进的社群文化是社群的灵魂，也是社群能够保持长期活跃的前提条件，使社群管理变得简单。在互联网时代，企业建设在线品牌社群必须体现“平等、开放、协作、分享”的互联网基本属性，还需要给人留下一种深入人心的印象，如看到无印良品，人们就会对它产生简约、干净、朴素等印象。优质的社群文化对内能够凝聚人心，对外可以凸显品牌形象。一个有文化的社群往往会给成员一个爱上它的理由，也可使社群品牌与产品获得美誉度和渗透力；而一个没有社群文化的社群，就像一个只有血肉没有灵魂的人，是不完整的，也是苍白无力的。

社群文化是社群运营最基础的支撑，它回答了三个问题：社群为什么存在？社群要实现什么样的目标？社群在运营过程中的规则是什么？对这三个问题的回答便形成了社群文化的三个构成要素：社群价值观、社群目标和社群规范，具体如图 4-2 所示。

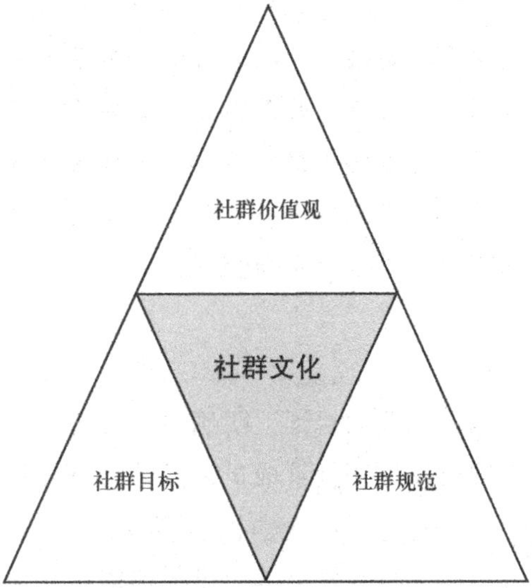

图 4-2　在线品牌社群的社群文化

1. 社群价值观

互联网打破了时空的限制，每一个人都可以表达与输出价值观，寻找与自己志同道合的人，并基于共同的价值观组建社群。社群价值观是个体价值观的集合，而社群往往通过价值观的对外传播来吸引更多具有相似价值观的新人加入社群。但当大多数社群运营同质化后，社群发展就需要寻找价值观的“情感溢价”。社群建立初期是社群价值观的塑造期，因此至关重要。第一批社群成员往往具有十分明确的喜好，喜欢什么，反对什么都是确切的，他们对社群的建立者具有较高的认可度，钟爱社群的核心产品，乐于对社群或产品投入时间、精力和金钱。价值观是加入社群的门槛与标准，但切忌一味地追求社群参与者的数量，没有共同价值观，社群产生不了实质性价值。只有“对”的人聚在一起，才能做“对”的事，产生“对”的价值。价值与价值观是一个社群能否持久存在的决定因素，兴趣爱好是一个社群是否活跃的关键因素。在线品牌社群之所以被认为是一个自组织，在于社群成员的自治，而自治的前提是有一个共同的价值观，这样才能进行统一的行动。

案例：哈雷——骑士精神

一度濒临倒闭的哈雷之所以能扭转颓势并取得成功，归功于它的品牌社群——哈雷车友会，哈雷车友会的车友们因为相同的生活方式和行为方式以及对哈雷品牌精神的崇尚而聚集在一起。对于哈雷车主来说，他们购买的不仅仅是一辆知名的摩托车，更重要的是其成为了该集体的一员。这个集体中的成员以超越社会和经济阶层的性格特征、价值观为纽带而联系在一起，他们热情、直率、特立独行、追求自由与自我，这些特征被他们定义为“骑士精神”，而成为哈雷以及哈雷车友会的价值观。

2. 社群目标

成功的社群必须具备明确的目标，明确的目标通过社群行为可以带来利益。共同目标和价值观可以增强社群成员之间的情感连接，让弱关系变为强关系。社群目标不仅可以激发人们的潜能，还是吸引新成员加入的重要因素。成员受群体目标的吸引，并将其内化为自己的追求，从而产生强烈的依附感与归属感，在群体与自我目标的驱动下，成员会充分发挥自身价值，实现自身价值的同时为群体目标的实现做贡献，个人的成熟与进步促进了群体的共同进步与提高。此外，一个好的社群目标一定是可量化的。社群目标总结起来具有三个作用：一是有了共同目标，成员会更有动力地做事情，比如一个运动社群，要求成员每周运动 3 ～ 4 次，并将记录与感受在社群中分享，这种明确的社群目标会激励成员坚持运动；二是社群的共同目标更容易形成同频话题，提升社群的活跃度，围绕集中的几个话题开展讨论的效果往往优于漫无目的讨论；三是社群目标可以成为社群的门槛，明确的社群目标可以帮助社群筛选成员，有助于打造价值共同体，提高社群凝聚力。

3. 社群规范

“不以规矩，不成方圆”，在线品牌社群是一群不同的人以某一品牌为纽带聚集在一起，为了共享品牌的价值而产生的群体，社群内部的行动是有纪律有组织的。社群成员彼此之间互动越多，管理他们之间关系的规则就越复杂，任何社群想要稳定、持续下去，必须要有社群规范。社群成员大多数是基于对品牌的兴趣爱好、精神追求聚在一起的，但所有成员地处天南海北，背景千差万别，诉求各不相同。这往往造成社群的管理相对松散，最终由于利益追求的差异导致社群分崩离析。因此，任何一个社群都应当具备一套以共同价值观和目标为基础的管理体系来规范社群成员的言论与行为。但需要注意的是，社群管理体系不宜过于严格，毕竟不同于管理员工，过于严格的管理会造成成员流失。社群规范的形成途径：一是集体讨论，既然是社群规范，那就不是一个人能够决定的，所以可以通过集体讨论的方式收集成员意见，逐步达成共识，最后形成规范；二是先放任后规范，很多规则都是在潜移默化中形成的，如果建群初期不确定社群规则，可以等社群稳定下来再根据社群状况和发展反向制订规范；三是采用“意见领袖”的价值观或原则，社群在运行时常会有一个中心人物表达他的价值观和主张，在缺乏明确社群规范时可以采用这个核心人物的价值观和原则作为社群规范。

4.1.3 形成社群制度

成功的在线品牌社群不仅要有清晰的社群文化，还要辅以适当的制度和规定，增强成员的归属感，这体现在两个方面：一是共同的行为和仪式；二是共同的责任和规范。通过适度的制度将处于不同地域和阶层的成员聚集在一起，形成一个牢固的在线社会网络。

（1）共同的行为和仪式

社群成员在入群时需要通过审查，以保证社群内成员的自我概念一致性。入群后社群参与包括内容贡献、投票表决、意见反馈、响应品牌活动等，这些行为和仪式决定了社群的活跃度与生命周期。高质量的社群行为、仪式、互动能够长期激发成员的参与热情并吸引新成员的加入，更容易使成员认同社群，从而为社群与品牌的发展贡献力量。

（2）共同的责任和规范

责任感与规范为成员的社群行为提供了制度约束与道德保障，促使成员将个人的发展与社群的发展联系起来，主动为社群的发展进言献策。共同责任和规范是在线品牌社群精神文化与价值观的表现形式，成员积极遵守社群规范并履行社群责任往往意味着他对社群产生了认同感和归属感，这是社群持续发展的生命力。

4.2 在线品牌社群的中间架构

在构建了在线品牌社群的底层逻辑的基础上，我们还需要考虑构建中间架构。这些中间架构包括：设计明确的定位、界定社群成员分工、确定社群类型以及打造基本要素四个方面。

4.2.1 设计明确的定位

人的需求、技术的支撑以及消费能力的增长催生了社群经济。2015 年被认为是中国社群经济的开局之年，受小米等成功案例的启发，各式各样的社群如雨后春笋般涌现。发展至今，社群已经渗透到各行各业，得到社会的广泛关注。虽然社群已在人们的日常生活中扮演着越来越重要的角色，但成功的社群屈指可数，很多企业困惑：自己实实在在地投入了大量的资源去建立在线品牌社群，并组建了专业的团队运营，结果却收效甚微。有些社群不仅没有为企业获取更多的客户，其广告推送反而降低了原有客户的消费体验。出现这种现象的根本原因在于缺乏明确的社群定位或社群定位失误，社群定位是否准确是影响社群成功与否的重要因素。

企业需要对在线品牌社群的本质与定位有一个明确的认知。在线品牌社群本质上是由对同一产品或服务有共同兴趣爱好及价值观的人构成的群体。因此，企业构建社群的第一步是要解决社群定位的问题，对此，应当从以下三个方面入手。

1. 明确服务目标

企业在构建社群之前必须要明确构建社群的目标，即要建立一个什么样的社群、实现什么样的目标。该社群是为了让更多的人全面认识某一品牌或产品以提升品牌的影响力；是为具有相似爱好的人提供交流互动的平台。社群目标会影响成员的目标，也会影响社群的运营策略，其实从某种角度看，社群目标也是社群价值。定位社群目标的一个标准是市场，市场的大小在很大程度上影响品牌社群的成败，假如一个市场足够大，哪怕企业只获得其中5%的份额，也意味着建立的品牌社群具有充足的成员基数，这是建群的基本条件之一。

案例：知乎——从“小而美”走向“大而强”

知乎是中国互联网领域最完善的知识问答社群，连接着社会各行各业的用户。2017 年 11 月，知乎入选时代影响力中国商业案例TOP30。2019 年 8 月完成了最新一次融资，融资额接近 4.5 亿美元，同年 10 月，知乎直播功能上线。在知乎，用户分享彼此的知识、心得与经验。

知乎创立于 2011 年，起初是将目标用户定位在互联网领域，成员大多为互联网人才，具有较高的专业知识，因此知乎是标准的“小而美”产品。2013 年，知乎开放了账号注册，9 个月后用户从 40 万人剧增至 400 万人，截至目前，知乎注册用户超过 2 亿人，用户群体已经拓展至各行各业，发展成为了“大而强”的品牌。如果知乎只是将社群目标用户定位在互联网领域，它不可能有如今的用户规模和社会价值，正是社群目标的变革让知乎实现了质的飞跃。

2. 明确服务对象

定位好社群成员即明确哪些人能够成为社群的一员。这要求社群管理者要设置合理的准入条件，而不是毫无门槛，任何申请者都可以无障碍加入。如小米同城会的准入条件是申请者的居住地和手机品牌，只有使用小米手机且身处同城会对应城市的申请者才会被允许加入，因为这些准入条件的一致反映了他们相同或类似的需求属性、爱好属性等。设置准入条件虽然会减少在线品牌社群的参与者数量，但却保证了参与者的质量。在线品牌社群本身就是爱好共同体、兴趣共同体、价值观共同体，若鱼龙混杂，只会导致最终消亡。

定位好了社群成员，企业便做到了对市场的细分，就能够为客户提供小而优的产品与服务。此外，社群成员的自我概念一致性也会得到提高，他们会积极参与社群中的活动与话题，保证了社群的活跃度。总而言之，定位社群成员的关键是要选择内容贡献度和活跃度较高的目标人群，他们具备较强的用户生产内容能力，且在线时间长、活跃度高，可以得心应手地参与社群活动。

案例：豆瓣网——靠什么活得风生水起

豆瓣网成立于2005年，是国内兴趣社群的鼻祖，目前已经成为国内最具影响力的社群网站之一。豆瓣网以书、影视、音乐起家，提供关于书籍、电影、音乐等文艺作品的相关信息，内容都由用户自主提供。

豆瓣网之所以具有目前的影响力，一个重要的原因在于其社群成员定位准确。“文艺”是豆瓣网最核心的标签，其社群成员善于用文字、视频等表达自我情感，具有较强的内容生产能力，也具有较高的活跃度。豆瓣最初的社群内容、文化、价值观等就是由这类群体所创建的，他们将豆瓣打造成了一个充满人文情怀的社群，为豆瓣的发展奠定了坚实的基础，也为其后优质内容和用户的拓展打下了牢固的根基。

3. 明确服务内容

社群的定位和产品与服务的定位没有直接的联系，绝大多数企业建立与运营在线品牌社群的最终目的是为了提高品牌的知名度，因此产品或服务定位是社群定位的基础，社群的存在就是服务于产品。定位产品和服务的出发点在于满足客户的真实需求，这是社群成功的基础。对于一个在线品牌社群而言，如果仅仅只是针对某个话题进行互动，那么这个需求是很难持续的，社群也很难持久发展。社群的发展要求产品或服务能够满足客户的某些刚性需求。目前存在的诸如运动、游戏、读书等在线社群，并不是因为其所对应的话题是用户的刚性需求，而是因为社群满足了用户查询运动指南、游戏攻略等真实需求。

案例：满足刚性需求是王道

- 罗辑思维

罗辑思维论坛将“罗辑思维”短视频和“得到”App两大产品定位为启发用户思考的知识型产品，旨在让用户在观看视频或浏览内容的过程中学会思考，并通过互动交流形成自己的见解，从而在思考的过程中学习到知识且得到快乐。基于这样的产品与服务定位，罗辑思维将其主要的社群成员定位为“85 后”的都市年轻知识群体，并针对这个群体，推出了各类社群产品。面对快节奏的生活环境与方式，“85 后”的都市年轻群体主要以社交、尊重和自我实现为追求，尤其是社交需求的满足对他们来说可以弥补内心的空白，罗辑思维牢牢把握住了这一点，通过明确的产品与服务定位以及社群成员定位将自身打造成为国内发展社群经济的典范。

- BabyCenter（宝宝中心）

BabyCenter之所以能够取得成功在于它满足了目标用户的两个刚性需求：一是年轻妈妈第一次生宝宝，有很多不安和兴奋的情绪需要排解，有很多问题需要交流请教；二是宝宝出生后或给家庭结构和重心带来转变，可能会触发家庭矛盾，妈妈们需要一个倾诉的场所。BabyCenter的出现很好地解决了妈妈们面临的这两个问题与需求，满足了用户的刚性需求，因此BabyCenter主要依靠互动沟通也能够很好地发展。

4.2.2 社群成员的角色分工

通俗地讲，在线品牌社群指的是使用或消费同一品牌产品的用户借助网站、微信、微博、QQ等互联网社交媒体组建的在线互动群体。用户们参与在线品牌社群旨在获得更多与该品牌产品相关的信息与资源等功能价值，同时享受社交、归属感、认同感等社会价值。这种群体关系突破了传统社群关系以及消费活动在时间与空间上的限制，更加体现了时代特征，对企业与品牌而言则扩大了影响范围，提升了知名度。

由于社群是由群体组成的，因此社群内需要各种各样的角色，有一些角色是自发形成的，有一些角色是由社群运营者分配的。一个社群要健康稳定的发展，就必须对社群的成员进行分工。分工意味着大家各司其职、各尽其责。在线品牌社群成员之间必须分工协作。一个成功的在线品牌社群中通常具有以下几种成员角色。

1. 社群发起者

他们是社群的代言人、领导者，在社群发展中起带头作用，建构社群愿景与发展方向，向社群成员传播品牌文化、精神、价值观等，如罗辑思维的罗振宇。

2. 社群管理者

他们负责社群的日常运营，制订社群规范，构建社群结构和功能，承担社群群主或管理员的角色，对内致力于激发成员的参与积极性，对外合理吸收优质资源，这种角色类似企业中的经理。

3. 社群“意见领袖”

他们往往是某品牌的狂热粉丝，对该品牌极度忠诚，由于长期消费该品牌，他们对品牌的历史、文化、精神、使用方式与技巧、维护知识等有深入认知，在社群中充当“传道授业解惑”的师长角色。社群“意见领袖”的行为主要表现为角色外的公民行为。

4. 社群活跃分子

他们通常是社群话题的发起者，善于带动社群氛围，自愿收集社群信息并乐于分享，他们会积极参与社群活动，激发社群活跃度。这类成员同样是品牌的忠实者，同时他们享受社群互动带来的社会与功能价值。

5. 社群传播者

他们向外界宣传推广社群，输出社群价值，他们认同社群价值和意义，是社群受到攻击时坚定的维护者。这类成员对社群最大的价值在于帮助社群获得新成员。

6. 社群潜水者

这类成员往往是社群中的从众者，参与时间、个人特质等原因，导致他们日常中很少主动发表言论或输出内容，经常充当“聆听者”的角色。由于他们能够从社群中获取大量和品牌相关的信息，因此也会支持社群活动。

这些社群成员构成了在线品牌社群中的角色画布，每个角色发挥着自己重要的作用，相互之间开展协作、帮助，共同促进社群的运营与发展。当然，需要强调的是，同一个体可能不仅仅扮演一种角色，如社群“意见领袖”往往也是社群传播者。

案例：MIUI官网

MIUI官网是小米社群的核心组织部分，以MIUI（米柚）系统为核心产品建立，目前，MIUI官网具备规范的内部角色体系。官网内的主要角色有官方版务组、社群版主、内测粉丝组以及根据论坛积分划分的成员等级，成员等级包括玩机小白、玩机达人、玩机狂人、玩机大师、玩机之王、玩机之皇、玩机之神。官方版务组作为社群的发起者，向社区发布官方活动与信息、发起讨论话题等；社群版主充当社群管理者的角色，负责社群的日常运营与维护，引导社群互动交流；内测粉丝组是经过官方严格筛选组建的，成员的入选条件包括是否使用MIUI最新版本、是否热爱MIUI、是否熟知MIUI等，因此他们往往是MIUI社群的"意见领袖"，为社群其他成员答疑解惑；积分高、等级高的成员一般是社群的积极参与者与推广者，他们是众多"米粉"中的一员；玩机小白们往往是刚刚加入社群的成员，他们对社群及产品缺乏全面深入的了解，因此较少主动发表言论，但会跟帖或评论以表达自己对社群活动与话题的支持，并会通过参与社群活动的行为获得积分以提高社群等级。

需要注意的是，虽然在线品牌社群中的成员承担着不同的角色，但社群管理者在日常管理中需要做到以下几点。

- 公平参与：需要保证社群中的每位成员都平等地享有权利，平等地履行义务，杜绝"差序格局"的存在。
- 权利透明：务必保证社群运营过程中权利的透明，运用透明权利能够增强成员对社群的认同感和归属感，激发他们的参与积极性。
- 发展机制：实施会员等级发展制度，活跃进取的成员可以得到发展晋升，成为社群的"意见领袖"甚至是管理者，从而充分调动成员的参与热情，促进社群的发展，如MIUI社群内测粉丝组的设置。

4.2.3 确定社群类型

在线品牌社区主要有两种类型：产品型和知识型。企业具体应用哪种类型的社群，取决于自己的产品与地位，明确自己所使用的社群类型有助于找准定位和提供优质的服务。

1. 产品型在线品牌社群

产品是将企业或品牌与用户联系起来的中介，工业经济时代，产品是功能的载体，而在互联网时代，产品更多的是情感的载体。优质的产品能够为企业聚拢庞大的用户群体并最终形成粉丝群体，粉丝群体对企业的价值不仅是销售某一产品，还是其拓展相关业务奠定市场的基础。如小米公司，以手机起家获取了自身第一批忠实的用户，但小米目前已经打造出了一个产品系统，手机只是其中一个重要的组成部分。所谓产品型在线品牌社群是以某一实体产品为核心品牌所形成的在线品牌社群，如小米社群、魅族社群等品牌社群，这些社群的纽带都是有形的物质产品。这类社群应当具备产品的持续升级更新与创新能力，通过不断刺激用户的需求，创造符合用户需求的新产品，从而使用户对品牌保持一种新鲜感，增强用户的品牌黏性与忠诚度。

企业做好产品型在线品牌社群意味着其粉丝与用户的合一、产品推广和销售的合一，企业甚至不必仅仅依靠销售产品获得利润，而是可以发掘更多潜在的利润源。互联网为企业发展创造了无限多的机遇，企业应当通过某种载体与用户、粉丝、市场建立更多的联系以把握这些机遇，在线品牌社群则充当了这一角色。

2. 知识型在线品牌社群

互联网带来的最多的东西是信息，这极大地方便了人们的日常生活，但也造成了信息过载的局面。在信息过载的背景下，人们真实的信息需求往往被忽略或掩盖，互联网上的各种信息严重阻碍了我们获取有价值的知识。在这种信息环境中，拥有一个优质、共享的信息与在线知识社群成为很多人的真实需求，人们期待在这样一个社群中获得有价值的信息与知识，共同学习，相互进步。以罗辑思维为代表的知识型在线品牌社群的出现很好地满足了人们的这一需求，成为社会大众追捧的新事物。

知识型在线品牌社群是人们以学习知识、获取有价值信息为目的而建立的在线社群。顾名思义，知识型在线品牌社群更加强调知识学习，它一方面满足了人们学习的需求，使用户的知识获得增长；另一方面以知识信息为纽带使更为细分的一些人聚集在一起，满足了人们精神与社交等方面的需求。正是这两个属性使知识型在线品牌社群从出现时就大受欢迎，成为在线品牌社群重要的一大领域，诞生了诸如罗辑思维、知乎等成功社群。可以预见，随着社会的发展，人们对精神生活的追求将不断提高，知识型在线品牌社群的发展会迎来一个高速增长期。

4.2.4 打造基本要素

在线品牌社群是以某一品牌为纽带，借助互联网媒介将其消费群体聚集在一起而形成的线上群体，因此，用户、品牌、互联网媒介是在线品牌社群的构成要素，如图 4-3 所示。在线品牌社群关系结构强调成员对品牌的认可与喜爱，是一种情感上的连接关系，超出了商业交易的买卖关系，当然，在线品牌社群的价值在于可以变现用户对品牌的认可与喜爱。

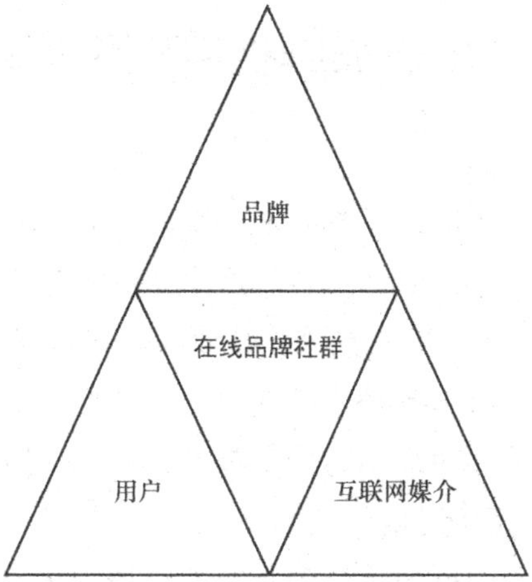

图 4-3 在线品牌社群的构成要素

1. 品牌

在互联网时代，企业面对复杂多变的商业环境，这就要求企业在产品的研发设计中考虑更多的个性化因素，以提高品牌的辨识度，满足用户的多元化需求。随着卖方市场逐渐转变为买方市场，用户在购买产品时已经不再仅仅考虑功能性需求，个性化、定制化的需求层出不穷，谁能率先把握并满足用户的这些需求便能在市场竞争中获得主动权，这对企业的品牌建立提出了巨大的挑战。

2. 用户

用户的价值已经得到社会的广泛关注。在用户管理方面，企业应当依靠大数据、社会化媒介与用户开展互动交流，全方位获取用户的消费信息，把握用户的消费需求，通过个性化、定制化的产品与服务促使用户对品牌忠诚，并让其进行口碑推荐，从而获取用户的终身价值。

3. 互联网媒介

互联网与社会化媒体的发展为企业与用户、品牌与用户、用户与用户之间的联系创造了更加便捷的渠道，以微信、微博、QQ等为载体的在线品牌社群如雨后春笋般涌现，成为商业领域一道亮丽的风景线。企业与用户借助互联网媒介实现了双向互动与价值共创。

4.3 在线品牌社群的价值体现

从用户消费心理角度看，在线品牌社群中的成员具有较为一致的消费观、品位和兴趣点，他们在消费心理上容易产生认同感与归属感。从用户消费行为角度看，在线品牌社群中的成员往往是该品牌的忠实用户，会自发地关注、支持、购买这一品牌的最新产品，甚至会将产品推荐给身边的人。因此，在线品牌社群能够为企业和用户同时带来效益，这是在线品牌社群得到社会广泛认可并繁荣发展的原因所在。

在构建了在线品牌社群的底层逻辑和中间架构之后，企业需要思考的下一个问题就是如何使用在线品牌社群为企业创造价值，这需要思考在线品牌社群的商业功能以及商业过程。

4.3.1 在线品牌社群的商业功能

在线品牌社群是社群经济背景下的创新产物。企业用产品吸引用户，并吸引用户建立起社群，通过社群营销提高用户品牌忠诚度，同时在生产制造成本不变的情况下降低了渠道建设费用、产品推广费用等，从而让企业获得了更多的利润。在线品牌社群的商业功能可以归纳为四个方面：自主营销、双向沟通、转换角色、高效传播，如图 4-4 所示。

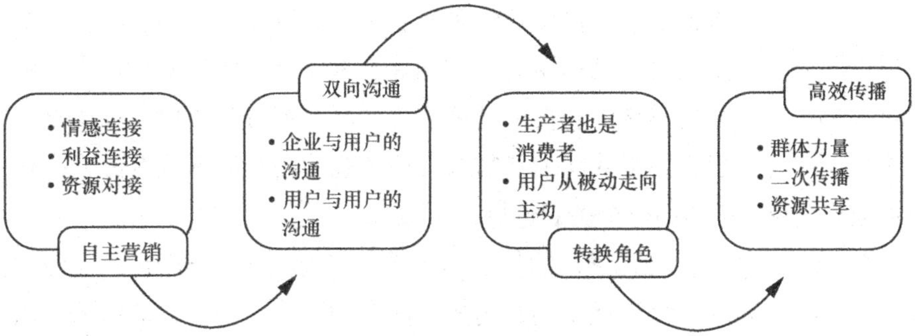

图 4-4 在线品牌社群的四个商业功能

1. 自主营销

在线品牌社群可以通过用户消费经验的分享形成“病毒”式的传播。在线品牌社群的运营者通过产品功能与内容吸引用户，当用户的数量积累到一定程度后，他们会与自己具有相似兴趣和价值观的个体聚合在一起，从而形成社群。社群成员之间基于共同的消费需求产生情感连接、利益连接。社群内部存在对品牌的信任与认同，成员之间交流互动、相互协作、相互感染，他们利用社会化媒体增强关系，开展内部评论，分享、转发社群品牌的信息或内容，传递品牌价值，从而形成了社群的自主营销，实现了社群内部的资源对接、技能互补，产生了实实在在的社群效益。这种建立在品牌与社群成员之间的情感信任和价值传递形成了自运转、自营销的范围经济，这是社群经济的一个特征。

2. 双向沟通

互联网使“去中心化”成为可能，同时也创造了不计其数的“碎片化”间隙。这时，企业需要通过连接创造价值，建立在线品牌社群则成为企业连接用户最快、最高效的途径。在线品牌社群不仅是用户的聚集地，同时也是企业传递品牌理念和产品内容的重要载体。

在线沟通是企业与用户基于网络的双向沟通模式。在互联网时代，传统的商业渠道退出历史舞台，企业和用户之间的沟通距离变短，加之信息的全面透明化，企业和产品被用户长期关注，并产生交易行为。在线品牌社群中的双向沟通可以从以下两个方面阐述。

① 企业与用户间的沟通。微信、微博、QQ 等社会化媒体的发展，使人

们的生活方式、价值观念、消费习惯等发生了巨大改变，人们对产品价格的敏感度降低，开始关注产品的体验、文化等因素。这促使企业与用户之间的关系由单向的价值传递变为双向的价值共创，产品消费社群性、社群意识变得更强，因此，建立基于共同消费需求或价值观的在线品牌社群成为企业应对商业环境变化趋势的一个关键选择。

② 用户与用户间的沟通。用户之间乐于在在线品牌社群中进行交流并获取信息，与单向的信息流通不同，用户之间的沟通是双向的、活跃的。由于相似的需求与爱好，用户之间更容易产生信任与认同，他们之间通过彼此的自主生成内容产生话题并将其传递分享，同时也创造了企业与用户沟通的渠道。用户之间良好的沟通模式与互动氛围往往能够生成优质的社群信息，提高用户的社群认同感与品牌忠诚度。

总而言之，在线品牌社群是用户与用户之间互动的纽带，打破了传统的企业与用户的固有定位，强调共创与共享，从而解放了社会生产力，创造了一个新的大众的时代，或者说是人人的时代。

3. 转换角色

用户具有三种角色：购买者、体验者和传播者。在传统营销阶段中，用户被称为“受众”，其核心角色是购买者，企业所有的行为以用户购买产品为目的。在互联网时代，用户的核心角色由购买者转变为体验者和传播者，他们除了是购买者，还是产品的体验者和传播者。相比过去的营销以产品的销售为目的，在当前的营销活动中，销售产品只是一个开始，而建立企业与用户之间的长期关系才是最终目的。在线品牌社群变革角色的商业价值可以从以下两个方面说明。

① 消费者也是生产者。“产销合一”的理念强调的是用户既是消费者也是生产者，消费者与生产者应当是合一的。在线品牌社群是一种基于互联网的新型经济群体，以价值观为驱动力，去中心化的同时也实现了自组织化。这种经济群体强调“互动”“参与”“社交”，极大地推动了“产销合一”理念的现实化。

案例：BabyCenter

BabyCenter（宝宝中心）是由美国强生公司打造运营的在线品牌社群，数据显示，美国网络用户中的78%的准妈妈和有2岁以下宝宝的妈妈都是这个在线社群的成员，每月浏览BabyCenter的美国准妈妈比美国一年出生的宝宝还多。

BabyCenter在提供产品与服务方面践行了“产销合一”的理念。社群会根据宝宝的不同年龄共享专家建议、科学成果等内容，最核心的是BabyCenter允许并鼓励妈妈们基于育儿经历建立社交关系，交朋友，写博客，发表评论，分享经验，这一举措极大地提高了社群的活跃度，使用户获得社群价值的同时也向社群提供自身的价值。此外，相对于其他全面覆盖的社交网络，BabyCenter只专注于育儿且只面向妈妈也是其成功的一个因素。

② 用户从被动走向主动。社群经济是一种由用户主导的C2B商业形态，品牌与用户的关系逐步由单向的价值传递转变为双向的价值共创。社群经济下的品牌是由用户主导的口碑品牌，而不是企业主导的广告品牌，品牌成为了客户评价与传播的产物。因此，社群经济下品牌建立的过程，一定是用户参与的过程，同时用户也是生产者。现在年轻的消费群体希望参与到产品的研发和设计环节中，希望产品能够体现自己的独特性，企业只有关注这种消费心理与行为的转变，才能顺应互联网时代的发展趋势。

此外，在线品牌社群中存在“双重产品”的现象，企业在社群中推送产品与服务，同时社群本身也是企业的产品与服务，被企业推送给用户，为用户创造便利。如小米社群，它已经成为小米经营版块的重要构成部分，是小米推出的为方便市场与用户了解自身的一款“产品”。

4. 高效传播

在线品牌社群最后一个商业价值体现在其传播属性。品牌社群的出现改变了企业传统的品牌传播模式，传播边界、速度、黏性都有了质的提升，主要原因在于以下几个方面。

① 群体力量。一个人的影响力是有限的，但如果把大量人群聚集起来，就可以产生巨大的力量，传播力会得到显著提升。

② 二次传播能力极强。相比传统的大众传播，在线社群的二次传播能力极强，大众传播强调单向的推送，试图通过感官冲击影响用户的消费行为，在线社群营销由于建立起了品牌与用户长期双向互动的关系，成员往往会进行二次传播，即将在线品牌社群中的信息分享到私人社交平台上，因此社群

传播的互动与黏性远远高于大众传播。

③ 资源共享。对于在线品牌社群，资源共享可以分为群内共享和群外共享两个方面。群内共享是发生在社群成员之间的；群外共享指通过社群组织起来的人们利用集体优势向外置换资源，往往以社群与社群之间的互动为形式连接彼此的资源。

④ 信息数据化。传统的大众传播是借助传统媒体投放广告，大范围传播，这使得企业无法准确获取市场反馈的信息。随着在线品牌社群的发展，企业可以及时精确地获取数据反馈，如对于一篇推文，企业可以清楚地知晓多少人已经阅读、多少人进行了咨询、多少人已经做出消费决策等。

4.3.2 在线品牌社群的商业过程

在线品牌社群之所以受到广泛的关注，是因为它具有极大的商业价值，企业建立和运营社群的核心目的便是为自身创造出较高的商业价值。在线品牌的商业过程可以通过图 4-5 所示的体系来表现。

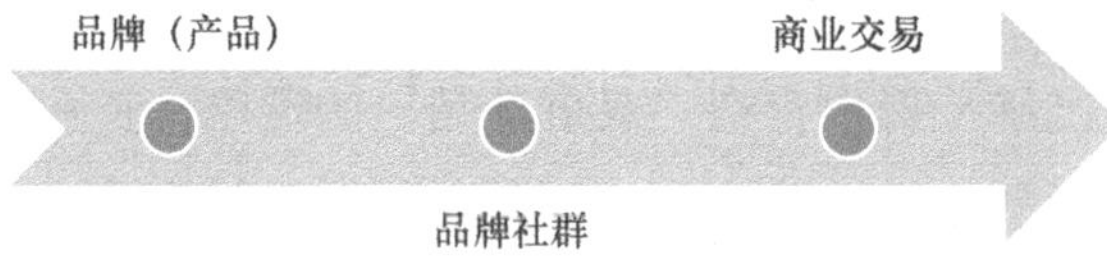

图 4-5　在线品牌社群的商业过程

在线品牌社群的商业过程由品牌（产品）、品牌社群、商业交易三个层次构成，首先以品牌（产品）为中心产生内容或流量，其次以品牌社群为中心形成平台，最后以产生最终的商业价值为终点。品牌（产品）用来引导流量，是流量的入口；品牌社群由其关系属性起沉淀流量的作用；商业交易以其交易属性来变现流量，三个阶段层层递进。

1. 品牌（产品）

社会化媒体技术的发展使人与人之间的协作效率大大提高，也使得信息的生产和传播效率极大提高。在人人都是媒体的社会关系网络中，品牌（产品）就是广告，优质的品牌（产品）非常容易产生传播效应。在互联网时代，企业所有的经营行为都被媒体化，从产品的研发设计，到生产、包装、运输，再到最终的销售，每一个环节都在和用户进行互动交流，包括品牌（产品）本身，也都成为了流量的源头，具有了媒体的属性。企业媒体化已经成为现代企业的一个发展趋势，企业需要的是培育自身的媒体属性。以互联网企业为代表的许多企业开始进驻各类碎片化的、社会化的媒体渠道，管理者也积极利用自媒体塑造企业形象。一些企业甚至将传播媒体打造为产品，因为在互联网时代，传统的单向传播营销模式已经力不从心。媒体即产品，将媒体传播打造为一个产品，利用这个产品与用户互动，激发用户的参与感。

2. 品牌社群

互联网营销出现之前，企业主要通过不断地开设实体店尽可能地接触目标用户开展营销活动，互联网的发展打破了空间限制，使人们足不出户便可以消费。这种商业现象促使商业逻辑发生改变——企业由抢占“空间资源”转变为抢占“时间资源”。时间资源表现为用户的关注度，当用户大规模向互联网迁移的时候，企业也需要转移主阵地。传统的实体渠道逐渐失效，取而代之的是在线的关系网络，以在线品牌社群为例，企业的品牌（产品）吸引并获取流量，在线品牌社群则将这些流量进行积累沉淀，与用户持续发生联系。如小米利用小米社群和线上、线下的活动聚集了大量“米粉”，这些“米粉”通过社会化媒体源源不断地给小米产品的更新升级提供源泉，同时帮助小米做口碑传播。

3. 商业交易

商业交易是在线品牌社群价值变现的途径。在线品牌社群的商业价值可以归纳为三个层次：一是渠道价值，体现在企业在在线品牌社群中与用户发生的交互、推广、销售关系；二是平台价值，利用在线品牌社群，企业集思广益，优化升级产品与服务；三是生态价值，通过社群，企业可以完成资源整合，优化产业链，甚至进行商业模式创新。这些价值是流量积累沉淀的必然结果，通过企业与用户、用户与品牌（产品）、用户与用户之间的不同类型的交易变现，从而最终实现了在线品牌社群的自身价值。

在在线品牌社群商业角色体系中，品牌（产品）吸引客户流量，但无法有效沉淀流量，社群便成为沉淀流量的必需品，而商业交易则是产生盈利的有效方式，三者形成了一个完整的体系。

4.4 案例分析：在线中医社群如何有效运营

结合本章给出的在线品牌社群商业逻辑三层模型，我们尝试对本章开篇的在线中医社群的案例进行分析，对存在的问题进行解答。通过案例可以看出，该中医社群代表了大多数企业在线品牌社群运营的现状——缺乏运营人员与运营知识，缺乏必要的资源支持。因此，我们根据在线品牌社群商业逻辑三层模型的重点，针对资源缺乏的情况，说明企业应该如何实现有效运营。

4.4.1 找准社群的文化定位

很多社群的构建只是为了简单地实现销售的任务，其实社群的功能不应该仅限于单次的销售，应该通过沟通与互动，为客户提供高附加值的产品和服务，也为企业实现更高的价值。

所以，开篇案例中的中医在线社群可以把自己的社群定位为“中医是一种生活方式”。以我个人对中医的理解，中医可以通过多种方式达到预防疾病的目的，这些方式包括：学习中医知识、使用有预防作用的中医药材、学习艾灸针灸等治疗技术；使用有滋补作用的食材等。

如果该中医社群把自己定位为一种生活方式，就不仅限于只是销售中医课程，构建一个由共同爱好者组成的社群并不难，关键是要通过运营，使群友有获得感，明确自身社群定位就是非常重要的一步。

一旦该社群明确了定位，群友就知道自己可以在社群享有哪些权力，得到哪些利益，对该社群的忠诚度和满意度便会提高。此时，社群可以邀请更多的供应商来给大家讲解相关的医药、食材、治疗器械的知识，既满足了群友的需要，也实现了企业销售收入的增长，达到企业与群友的双赢。一旦社群达到了一定的规模，社群就有了很强的吸引力和议价能力，一方面会吸引更多的中医爱好者加入该社群，另一方面人数的增加会使得社群的议价能力增强，社群可以从商家那里为广大群友争取更多利益，这又进一步增强了群友的黏性。

4.4.2 社群的服务目标

社群成立之初是通过一些宣传渠道获得的成员（中医爱好者），社群成立后，运营者必须仔细思考该社群的服务目标是什么。在本案例中，社群运营者可以在明确社群的文化地位的基础上，进一步明确服务目标。该社群的服务目标可以设定为“服务于有养生需求的中医爱好者”。很多加入该群的群友其实是希望通过学习一些中医知识，掌握一些技巧和治疗方法，使得自己的身体健康，达到延年益寿的目的。

如果中医社群能够明确自己的服务目标，并与群友达成共识，至少可以达到以下效果。

① 群友会有明确的期望。每一个群友都知道自己在这个群里可以得到什么。

② 群友会有自发的组织。当群友明确地认知并且接纳了该服务目标后，他们可能会自发组织一些相关的活动作为社群运营者的补充，比如，自发分享一些中医知识，介绍一些中医的食材、药材等。

③ 群友不会反感相关产品的营销。由于群友已经有了明确的期望，因此当运营人员介绍与中医养生相关的产品以及使用的方法时，群友会购买。

4.4.3 明确社群的类型与功能

前面我们谈到社群的类型包括产品型和知识型两种，其实该中医社群的定位应该是“产品+知识”型社群，是以传播中医知识为基础，以销售中医课程、中医器材、中医食材药材为目标的社群。这一定位会使运营人员清楚自己的主要工作内容，明确自己的工作重点，而不是仅仅把人拉到群里。

由此，运营人员需要加强与群友的互动，并鼓励群友之间的互动，互动及其满意度可以成为对运营人员的考核指标之一。在明确了社群的功能后，运营人员在设计成员角色分工方面也会有更多的主动性，着力培育社群的“意见领袖”、积极分子和传播者，并通过构建社群规范的方式，促使积极分子更多地发出自己的声音，享受到更多利益，使得社群的活动增加，群友的满意度得到提高。

因此，当在线品牌社群缺乏资源、人力和运营知识时，需要抓住重点，即明确文化地位、服务目标、社群类型与功能，在此基础上对运营人员进行管理和考核，促使运营人员根据发展目标作出应有的贡献。

参考文献

[1] 佘硕，聂卉晶. 我国虚拟社群概念界定及研究热点可视化分析[J]. 图书馆理论与实践，2018(1): 15-20.

[2] 崔卓娅. 互联网下的粉丝经济与社群经济的商业价值及营销策略分析研究[J]. 电子商务，2018(7): 35-36.

[3] 张世超. 社群建设与自媒体运营路径探析——以吴晓波频道为例[J]. 现代视听，2018(4)：64-67.

[4] 江萍. 大学教师专业学习社群建设的行动研究[D]. 南京：南京大学，2018.

[5] 李娜. 价值、规范与认同：微信知识社群持续参与意愿研究[D]. 武汉：武汉大学，2017.

[6] Yang X, Cheng Z, Liang E. Accumulation mechanism of opinion leaders' social interaction ties in virtual communities: Empirical evidence from China[J]. Computers in Human Behavior, 2018(82): 81-93.

[7] 殷少明，杨宁，王鑫. 基于社会网络理论的虚拟品牌社群认同、客户契合与品牌忠诚关系研究[J]. 新疆财经，2018(4)：30-39.

[8] 汪旭晖，冯文琪. 虚拟品牌社群中社会人际互动和类社会互动对品牌关系质量的影响研究[J]. 财经论丛，2017(5)：78-88.

[9] 方敏，郭美文. 互联网时代社群经济商业模式探讨[J]. 商业经济研究，2018(10)：19-21.

[10] 顾润德，陈媛媛. 社交媒体平台UGC质量影响因素研究[J]. 图书馆理论与实践，2019(3)：44-49.

[11] 魏思敏. 虚拟品牌社区“意见领袖”识别及其参与的价值共创研究[D]. 济南：山东大学，2018.

[12] 张继焦. 费孝通的三个重要理论都过时了吗?——对人类学民族学研究范式转

型的思考[J]. 云南民族大学学报（哲学社会科学版），2019，36(2)：41-46.
[13] 李旭，刘鲁川. 信息过载背景下社会化阅读App用户的忽略与退出行为——心理契约违背视角[J]. 图书馆，2018(2)：75-84.
[14] 李富钊. 移动互联时代虚拟品牌社群的建构与维系[D]. 太原：山西大学，2016.
[15] 冯一纲. 基于客户终身价值视角的客户口碑推荐价值的实证[J]. 统计与决策，2016(12)：186-188.
[16] 巫月娥. 客户参与价值共创对客户忠诚的影响——基于互联网+大规模定制模式的研究[J]. 重庆邮电大学学报（社会科学版），2019，31(2)：101-109.
[17] 王东兴. 品牌社群感知、消费者卷入对品牌社群价值的影响研究[J]. 财经理论研究，2016(6)：98-104.
[18] 王佳. 在线品牌社群社会资本、社群认同与品牌忠诚——平台属性的干扰作用[J]. 软科学，2018，32(1)：122-125.
[19] 陈容容. 虚拟品牌社群中客户互动对品牌忠诚度的影响——基于电子信息产品虚拟社区369个样本的分析[J]. 浙江树人大学学报（人文社会科学），2018，18(4)：27-34.
[20] 袁登华，吴秋林，William Wei.在线品牌社群投入对品牌忠诚的影响——消费者品牌投入的中介效应检验[J]. 品牌研究，2018(2)：32-37.
[21] 张岩，韩复龄. 基于自组织理论的网络社群知识传播研究[J]. 情报科学，2018，36(7)：98-103.
[22] 王晰巍，王铎，郑晴晓，等. 在线品牌社群环境下企业与用户的信息互动研究——以虚拟现实产业为例[J]. 数据分析与知识发现，2019(3)：83-94.
[23] 谢礼珊，赵强生，马康. 旅游虚拟社区成员互动、感知利益和公民行为关系——基于价值共创的视角[J]. 旅游学刊，2019，34(3)：28-40.
[24] 但斌，郑开维，刘墨林，等. 基于社群经济的“互联网+”生鲜农产品供应链C2B商业模式研究[J]. 商业经济与管理，2016(8)：16-23.
[25] 姚佳欣. 网络与新媒体时代品牌社群的传播模式[J]. 新闻研究导刊，2018，9(10)：94-95.
[26] 董学兵，常亚平，肖灵.虚拟品牌社群氛围对品牌忠诚的影响[J]. 管理学报，2018，15(11)：1697-1704.

第5章 在线品牌社群的生命周期

案例——疫情下的化妆品行业

2020年春节期间新型冠状病毒引发的肺炎，使得希望在春节期间创造销售辉煌业绩的餐饮、旅游、交通、服饰百货等服务业受到重创。

春节过后，各种品牌的服饰、化妆用品等店铺都设法通过建立微信群，与用户建立联系，并试图通过运营微信群的方式实现销售。有一个法国知名化妆品品牌也按照这一模式建立了自己的微信群，建立微信群之后的操作是这样的：每天在群里推送本公司的产品，给微信群的群友发送折扣和优惠，希望群友能够通过微信渠道实现购买。这些微信群只在每天的固定时间比较活跃，但是发言的仅限于营销人员，大部分的群友都保持沉默和观望。

从消费者的角度来说，参加这样的粉丝群肯定有自己的目的，比如买到更便宜的商品、学会正确地使用产品、得到试用某些新产品的机会等。从微信粉丝群的运营者来看，这仅仅是疫情期间的权宜之计，如果新型冠状病毒引发的肺炎与人类长期共处下去的话，那么运营与管理粉丝群，甚至建立更多的在线品牌社群是不是必要的形式呢？

本章，我们会重点关注在线品牌社群的生命周期，以及造成在线品牌社群消亡的主要因素，尝试通过本章理论帮助新型冠状病毒引发的肺炎下的传统行业所建立的品牌社群实现有效运营，并在本章最后，对该案例进行分析。

5.1 在线品牌社群的本质是连接

我们只有清晰地认识在线品牌社群的本质，才能促进在线品牌社群保持持久的活跃度，因为在线品牌社群的存在基础也是在线品牌社群生命力所在之处。互联网时代，商业模式追逐的是连接红利，连接满足了客户的深层次需求。在线品牌社群的首要本质是连接，其次是参与感。

5.1.1 连接人与人的关系

人是群居动物，人与人之间需要建立连接。《规模》的书中提到，城市的规模越大，产出越大，原因在于人与人之间的连接更为频繁。当前，互联网改变了人们的连接方式，传统的连接强调人们在连接关系中的主动性，而在互联网背景下，人们更多的是处于“被连接”的关系状态中。现代企业的价值在于创造连接，使客户处于“被连接”的世界中。Facebook、腾讯、中国移动等企业构建了人与人之间的连接平台；谷歌、百度搭建了人与内容之间的连接；淘宝、京东搭建了人与商品之间的连接。由此可见，现代企业搭建的连接越广泛、越牢固，企业价值就越高。

在线品牌社群的本质是创造互联网背景下的连接关系，这种关系表现为企业与客户的连接、客户与品牌的连接以及客户与客户的连接。互联网时代，客户的角色定位发生了极大的改变，由之前被动的产品消费者转变为当前主动的产品创造者，企业需要新的价值创造模式来适应这一改变。在线品牌社群的出现去除了中间环节，将企业与客户、品牌与客户直接相连，并使客户之间产生连接，一些相关的信息、服务、内容都在这里聚集，形成了一个网状的连接关系，激发了群体智慧，产生了规模效益。

案例：百度贴吧——“志同道合，相为谋”

百度贴吧是百度公司的一个独立品牌，是全球最大的中文社群。百度贴吧是一个以搜索引擎为基础的在线交流平台，它让那些对同一话题感兴趣的人聚集在一起并建立连接，方便开展交流和互助活动。

人们在百度贴吧内展示自我，结交知音，搭建各具特色的“兴趣主题”互动平台。目前，百度贴吧的内容涵盖了生活、教育、娱乐、文化、体育、商业等人们生活的方方面面，它为人们打造了一个交流思想的网络空间，并以此汇集志同道合的网民。因此，百度贴吧是一个典型的以兴趣爱好为纽带将人们连接在一起的在线品牌社群。

5.1.2 形成强大的参与感

一个成功的社群能够使成员获得参与感，并通过激发每个成员的积极性，使成员共同维护社群的秩序，促进社群的发展。优质的在线品牌社群参与感具有以下三方面的作用。

1. 利于社群管理

成员参与感增强，意味着他们具有参与积极性，会自发地在社群中组织一些活动，也会为社群的发展做出贡献，甚至会自行解决社群中出现的问题，因为他们把社群看成是自己的一个归属地，这会极大地减轻社群运营者的工作量，有利于社群管理质量的提高。

2. 弱化中心

参与感增强了社群成员表达思想的意愿，能够弱化中心，让所有社群成员发挥所能，成功的社群是人人都可参与进来，人人平等的。

3. 满足成员的实际需求

在线品牌社群中的企业和客户真诚的互动能够提高客户的参与感，这不但可让企业切实了解到客户的需求，而且让客户更加理解品牌和社群的理念与价值观。客户的社群参与感从根本上提高了社群的凝聚力，延长了社群的生命周期。

案例：小米社群——让客户告诉我们生产什么

小米社群发展至今，已经成为国内最大的产品型在线社群。从小米社群发展的过程看，它之所以能够成功，主要原因是它为客户提供了尽可能多的参与产品研发制造的机会，使用户在研发产品中获得了参与感，比如，MIUI

系统的开发模式是由“米粉”提出改进要求，由小米工程师进行改进，且保持每周更新一次的频率。同时，小米也借助在线品牌社群与客户保持良好的互动交流，并组织开展各种形式的线下活动，提高品牌社群的活跃度，使客户产生参与感、愉悦感。此外，小米CEO雷军经常在个人社交平台与“米粉”们互动，使小米品牌极具亲民色彩。总而言之，小米的成功离不开小米社群，小米利用小米社群获得了客户的真实需求。

5.2 在线品牌社群有生命周期

社群是一群有着共同社交属性（相同兴趣、相同爱好、相同价值观）的人的集合。因此，对于在线品牌社群运营者而言，必须明确建立社群的初衷是什么。这个初衷要确立在在线品牌社群的生命周期开启之前，以便为社群的发展确定基调。

在通常情况下，在线品牌社群的生命周期是不确定的，有最快一周消亡的，也有经过多年发展后依然风生水起的。借鉴企业生命周期规律，我们认为一个在线品牌社群的生命周期可以划分为幼年起步期、青春发展期、盛年成熟期和老年衰败期，具体如图 5-1 所示。

1. 幼年起步期

幼年起步期是社群发展的初始阶段，一般的初始社群都是小众的，人数不多，成员更多是为了一个目标或者因为一个小想法而聚集在一起的，如小米著名的 100 个梦想家，这些人最初聚在一起就是因为对小米有共同的期待。起步期的社群成员就如凯文·凯利在《一千个铁杆粉丝》里所讲的那样，然而某些社群在起步阶段可能还没有 1000 名成员。当然，凯文·凯利的 1000 名“粉丝”也只是一个虚指的数字而已。

社群的幼年起步阶段是比较难熬的，一方面，运营者需要花费大量的时间和精力去维护与初始成员的关系，以赢得他们的信赖，并将他们培育成为品牌或社群的铁杆支持者；另一方面，运营者需要建立社群的一些基本行为

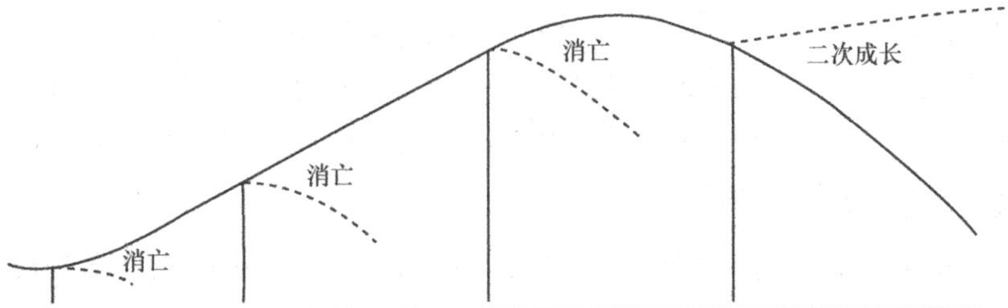

	幼年起步期	青春发展期	盛年成熟期	老年衰败期
特征	• 小众 • 信任是重点	• 内容丰富 • 互动增加	• 成员急剧增加 • 互动频繁，畅所欲言 • 开始为企业创造价值	• 成员众多，异质性增加，忠诚度下降 • 成员流失
重点	• 需要大量时间维系和运营 • 需要设立规则	• 持续运营，吸引用户 • 调整成员角色	• 保持高质量的运营与服务 • 解决排外问题	• 持续提供高质量的服务与内容 • 争取进入新的生命周期

图 5-1　在线品牌社群的生命周期

准则，积累一些运营经验，从而为社群的长期发展做好准备。

2. 青春发展期

青春发展期是社群发展的加速期，度过了起步阶段，社群的人数开始增加，社群的内容变得丰富。这个阶段往往是一个需要改变与适应的阶段，运营者在大量积累资源，社群成员在学习与适应。所有人都在感受着社群的价值与便捷，也在为社群的发展建言献策。

社群的青春发展期是比较活跃与动态的，新成员的加入一方面挑战着初始的社群规则与成员，另一方面也在促使社群运营者根据变化调整社群的原始结构与行为准则，比如打破不合理的行为准则或选择新进入的成员成为社群的“意见领袖”。

3. 盛年成熟期

盛年成熟期是社群发展的稳定期，这时社群的内部结构与行为规范基本确定，企业变现社群红利的关键时刻也往往处于这个阶段。经过青春期的发展，社群内的角色、定位及分工基本明确下来，运营者与社群成员都适应了社群环境。在这个阶段，社群中的互动交流轻松自由，大家畅所欲言。在社群稳定的基础上，运营者会发展更多的消费者加入社群，社群成员也会邀请自己熟悉的人加入，因此，社群成员会急剧增加并达到高峰。这个阶段的社群欣欣向荣，企业社群营销的成功与否也会随着这个阶段的到来而见分晓。一个有远见的社群运营者，一定会在这个阶段投入更多的时间和精力，以使社群保持持久的活跃度。

此外，在盛年成熟期时，社群运营者一定要注意“排外”问题。社群“老人”对环境和规则都很熟悉，因此在社群中侃侃而谈、来去自如，但是一些“新人”则由于对环境和规则比较陌生而很难插上话。这时，运营者就需要发挥自身作用，如果不是专业的产品知识讨论话题，运营者可以发起一个生活类的话题，给“新人”们一个发言的机会。

4. 老年衰败期

老年衰败期是社群发展的后期，这个阶段社群人数众多，成员之间都已大致了解。在这种情况下，若缺乏十分优质的社群内容与活动，社群往往会趋于平静，甚至因人数众多、异质性太大，导致社群中存在各类广告和链接，最终导致社群质量下降，走向衰败。至此，一个在线品牌社群的生命周期完整结束。

不仅仅是在线品牌社群，任何一个社群或任何一个事物，都会经历这样的生命周期，这是事物发展的客观规律，任何人都无法改变。当然，这不是宿命论，我们要强调的是，有的人、有的社群、有的企业能繁荣昌盛，关键在于其在步入成熟期后，会不断开拓创新，更新迭代，使自身保持健康与活力，直至开启一个新的发展周期，即步入下一个生命阶段。

5.3　避免在线品牌社群的消亡

社会化媒体技术的快速发展推动人们的生活方式发生了翻天覆地的变化，尤其是人与人之间的连接方式，由传统的以血缘、地缘等为纽带的连接转变为以兴趣、爱好、价值观等为核心的连接。这一转变催生了社群经济的诞生，也为企业营销提供了新思路。以互联网企业为代表的不少企业纷纷建立在线品牌社群，开展社群营销，发展社群经济，以创造企业新的利润增长点。但研究表明，68%的客户在初次进入某一在线品牌社群后便永远离开了，这使得很多在线品牌社群的生命周期大大缩短，甚至有些社群在建立不到一周的时间便沦为“死群”。因此，在线品牌社群消亡的原因成为企业界与学术界关注的热点。在线品牌社群消亡的因素可以总结为三个方面，具体如图 5-2 所示。

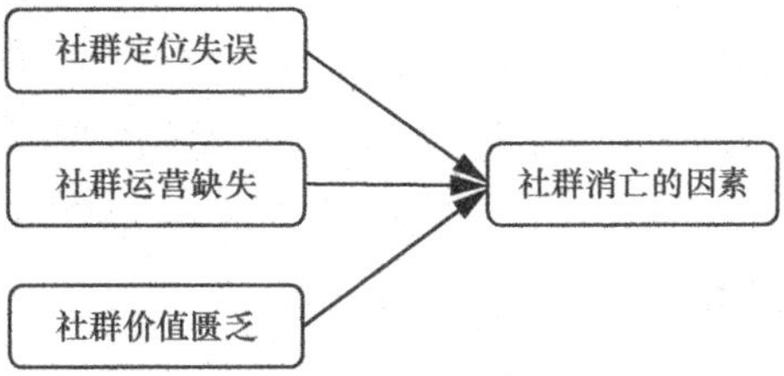

图 5-2　在线品牌社群消亡的因素

5.3.1　社群定位失误

在线品牌社群的定位决定了其存在的价值，也深刻影响着社群管理者的运营目的。我们通过参与和观察多个在线品牌社群后发现，最终失败的社群，是因为企业在社群定位方面出现了偏差，表现为没有清晰的社群定位，简单地认为把客户聚集在一起就可以开展营销活动，并将在线品牌社群当作广告推送场所，一味地单向传播产品信息，而不注重客户的参与体验和互动交流。久而久之，当客户意识到这个社群仅仅是企业的广告群后便极有可能选择退群，企业管理者只能再去寻找新的客户加入社群，社群便坠入了老成员不断流失、新成员不断进入的深渊，而企业却没有从在线品牌社群中获得预期的效果。因此，定位失误的在线品牌社群是不可能持续存在与发展的，因为社群中的客户处于被动接受的地位，缺乏社群参与感。

5.3.2　社群运营缺失

在线品牌社群在本质上是一个自组织，它依靠自有属性如自服务、自约束、自修复等运作发展，但这种自组织的功能会随着社群规模的扩大而发生改变。社群规模的扩大使依靠自组织特征管理的在线品牌社群逐渐出现问题，如秩序混乱、内容无趣、成员繁杂、公平性缺失等，这些问题往往会导致一些忠诚的客户因利益受损而选择退群。出现这一现象的根本原因在于企业缺乏积极主动的社群运营，一味地放任社群自我发展，这显然是不可取的。社会化媒体的发展确实极大地改变了人们的生活方式，相比过去，人们会在互联网世界中投入更多的时间和精力，但这并不意味着互联网世界能够取代人们的基本生活。因此，企业与社群管理者需要积极主动地运营社群，保持社群的健康发展，为客户打造优质的社群参与体验环境，这样才能使人们在有限的闲暇之时投入更多的时间和精力参与在线品牌社群活动。

5.3.3 社群价值匮乏

客户在品牌社群中与其他成员进行互动或参与相关社群活动的主要原因，就是他们想在社群中获取信息或知识等资源。因此，社群价值是社群具有黏性的重要影响因素，丰富的价值感知会促进客户的社群参与行为。在线品牌社群消亡的最后一个也是最为核心的因素是社群价值匮乏，无法满足客户的需求。客户加入社群是出于某种目的，表现为想要获取与品牌或产品相关的信息，或者是结识志同道合的其他客户，或者是为了分享自身的产品消费体验等，这些需求是客户参与在线品牌社群的关键因素。一旦客户发现或认为在线品牌社群并不能为自身提供所需要的价值，便会选择离开并寻求新的社群。

案例：酣客公社——“酣客”的心灵家园

酣客公社成立于2014年，是一个白酒粉丝社群。它的成功恰到好处地避开了社群消亡的三大因素，更重要的是它从反面利用了这三大因素。

一是明确的社群定位。酣客酒的产品定位是匠心、情怀和温度感，因此，酣客公社的定位不仅是一个商业组织，更是一个价值共同体。酣客公社创始人表示：“酣客公社最初的目的是让大家对白酒建立认知，让每一个喝酒的人变得熟悉酒、精通酒，不再被传统酒企洗脑。”但他没想到的是酣客公社最终聚集的是一批有理想、有追求的中年企业家，这些人聚集在一起更多是因为酣客公社为他们建立了一个价值观相似的人交流互动的平台，卖酒反而成了酣客公社的附加功能，且酒已经不是酣客的唯一产品。酣客的企业家可以将自己的产品在酣客粉丝节赠送给其他酣客，一旦得到好评，这款产品便会成为酣客公社的推广产品。总而言之，酣客公社将自己定位为一个为中年企业家提供交流互动的平台组织，而不仅仅是酣客酒的销售场所，这种定位为酣客的中年企业家们创造了无限的商机，极大地增加了他们参与社群的动力。

二是先进的社群运营。酣客公社的运营以“心联网”和“FFC模式”为基础。心联网是一种以商业哲理为指引的商业行为方式，主张以利他的初心，追求利他的目标，以互联网方式实现“心心相连”甚至“心心相印”，这种运营理念使酣客公社极具人文情怀，深受酣客们追捧；FFC即工厂（Factory）、粉丝（Fans）、客户（Customer），FFC把中年酒客、白酒极客、中年企业家等作为商业发展的新力量，意在借助深度的交流互动发现商业机会，以创造FFC模式的原生动力。这样的社群运营使那些中年酣客找到了寄托内心情感的精神家园。

三是极大的社群价值。酣客公社的社群价值体现在三个方面：① 为酣客们提供了丰富的白酒信息与知识，改变了白酒行业传统的信息传播模式与产品营销模式；② 为酣客们提供了互动交流的平台，满足了他们的社交人际需求，在酣客公社他们可以找到志同道合、趣味相投的其他酣客；③ 作为企业家的酣客们在酣客社群中可以发现无限商机，并获得社会资本，与其他酣客建立优质的合作关系。

5.4 案例分析：传统产业如何通过在线品牌社群实现价值

5.4.1 充分认识在线品牌社群的连接和参与的本质

在本章，我们谈到在线品牌社群的本质是连接和参与，而开篇案例中的知名化妆品微信群恰恰没有认识到这一本质。所以，其不愿意与群友建立连接，仅仅把微信群看作一个营销的窗口和渠道，同时也缺乏群友在社群中的参与，群友仅被看作购买产品的消费者。这样的社群徒有虚名，很难真正实现企业的价值，也无法培养能够持续购买产品的忠诚客户。

该化妆品微信群的运营者应该首先与群友建立有效的连接，不仅要与群友分享产品的销售信息，还要分享产品的使用信息；不仅要与群友建立联系，还要鼓励群友之间建立联系，联系越多，品牌社群的价值就越大。

该化妆品微信群的运营者还应当鼓励群友尽可能多地参与到社群的互动中，例如可以在每日例行的产品销售活动中邀请忠诚群友分享自己使用该化妆品的体会及化妆品的用法等。运营者还可以尝试使用案例分析的方式分享用户在使用产品之前和之后的变化。这些分享可以是不定时的，这样群友的分享更加真实。

另外，还有一个案例：一个来自美国的精油品牌从未在任何商场销售，仅使用在线品牌社群的方式实现营销。该品牌有自己的App和微信群，精油师每周会分享某一款精油的具体使用方法，每个周末还会通过语音微信的方式给群友授课，通过授课让大家了解精油的具体使用方式。在群里，只要有群友提出问题，精油师都会给予耐心解答，对于共性问题还会使用文字的方式给出解决方案。良好的微信运营，使得该品牌的社群十分活跃，其产品的购买频率也比较高。

由此可见，社群运营者只要抓住连接和参与的本质，就能够很好地实现社群的有效运营与发展。

5.4.2 做好本生命周期应该做的工作

前面我们说过，在线品牌社群的生命周期可以划分为四个阶段，分别是幼年起步期、青春发展期、盛年成熟期和老年衰败期，每一个发展阶段呈现出不同的特点，有不同的运营方式。案例中的知名化妆品社群显然处于幼年起步期的发展阶段，这个阶段的重点是运营以及建立规则，最终目标是建立信任关系。

显然，该案例中的品牌社群毫无运营意识，仅把社群视为营销渠道，这也与品牌应对本次疫情危机的方式有关。由于知名化妆品的价格较高，因此该社群可能仅把自己定位为疫情期间的一个销售渠道，并没有长期发展该社群的打算，抑或通过实体渠道进行销售的工作人员并不具备经营社群的能力和经验，该社群仅是一个临时的存在。

但是，由于本次疫情的时间较长，相信很多产品的营销渠道和方式，包括用户的使用习惯都有可能发生巨大的变化。要知道，2003 年的“非典”成就了淘宝，当用户发现足不出户就可以方便快捷地实现有效购物的时候，网络消费就成为一种重要的生活方式。

因此，该化妆品品牌应该给社群一个明确的定位，即长期存在的、与实体营销渠道并存的一种营销和培养忠诚用户的方式，同时培养专门的在线品牌社群运营人员，让其与用户建立信任关系；否则，该社群可能仅走完它的幼年起步期就会消亡，不会再为品牌创造更多的价值。

参考文献

[1] 欧彦伶. 另一种结群：网络直播中青年社群的聚合现象[J]. 天府新论，2018(6)：145-152.

[2] 爱迪思. 企业生命周期[M]. 北京：华夏出版社，2004.

[3] 智军. 社群运营[M]. 北京：机械工业出版社，2015.

[4] 张宁. 客户价值需求、社群融入感对品牌忠诚的影响研究[D]. 杭州：浙江财经大学，2014.

[5] 冷杰武，江平宇，刘加军，等. 区块链技术驱动的产消者自组织产品制造3群构建[J]. 广东工业大学学报，2017，34(5)：1-9.

[6] Choi B, Alexander K, Kraut R E. Socialization tactics in wikipedia and their effects[C]. New York：Acm Conference on Computer Supported Cooperative Work, 2010：107-116.

[7] 陈思羽. 学习成长类社群的运营之道——以“剽悍行动营”为例[J]. 新媒体研究，2018，4(15)：33-34.

[8] 王新新，薛海波. 消费者参与品牌社群的内在动机研究[J]. 商业经济与管理，2008(10)：63-69.

第6章
“聚粉”是在线品牌社群的起点

案例：电商老板“聚粉”的失败

2020年年初，新冠肺炎疫情爆发，中国国内延迟复工，为此各行各业开展了在线办公方式。一位电商企业的负责人为扭转电商平台数据下滑的局面，抱着尝试的心态组织员工开展在线社群营销，然而执行了没多久便遇到了问题。

一是关于员工的问题。在接到领导的安排后，员工比较茫然，因为之前根本没有做过类似的工作，所以很多人的做法就是把消费者拉到群内。起初效果还行，但没过几天社群热度就降下来了，要么群内只是一些无聊的广告，要么消费者提出的问题无人解答，要么群友一声不吭，最后，建立起来的社群基本成为“死群”。

二是关于社群成员的问题。很多员工在接到任务后，为了充人数，一味地将各种人拉到社群中，而不管对方愿不愿意，甚至一些成员都不是自己的客户。结果就是群内充斥着大量乱七八糟的信息，甚至还有其他企业的广告信息。最终，让自己的消费者汇聚在一起的品牌社群变成了一个大杂烩社群。由于没有获得好的消费服务与体验，很多原有的消费者也纷纷退群。这样，既浪费了人力资源，又浪费了资金，企业的这一决策最终流产。

罗振宇曾经说：“没有粉丝的品牌是没有未来的。”“聚粉”是企业运营在线品牌社群需要做的第一件事，但是这个案例告诉我们，想通过在线品牌社群“聚粉”绝非易事！要想成功运营在线品牌社群，我们首先需要明白企业如何“聚粉”。在本章，我们用“粉丝聚集三部曲”来说明企业如何“聚粉”，并在本章的最后对该案例进行分析。

6.1 粉丝是核心

6.1.1 人是社群发展的核心要素

人具有社会属性，需要人际互动。更确切地说，人需要从他人那里获得关注与反馈。有人曾经说：“社群是互联网带给人们最好的礼物”。我们不去考究这句话的严谨性，但不可否认的是，自从依托于互联网的社交工具出现后，人们才在真正意义上开始突破时间、地域、身份等因素的限制，实现了在一个全新的虚拟世界里重塑身份，重新建立社会关系。

社群的发展历程大致可以划分为以下三个阶段，如图 6-1 所示。

① 初级社群。以QQ群为代表，这个阶段的社群主要以集合人群、聚集信息为目标，社群中的个体多以熟人为主，大家彼此认识，相互了解。因此，初级社群可以被看作一个小型的“熟人社会”。

② 中级社群。以百度贴吧为代表，这个阶段的社群更多的是以兴趣爱好为基础而建立的，社群逐渐向“陌生人社会”转变，且陌生人之间基于共同爱好的互动量呈指数级增长趋势，高归属感与认同感是中级社群的一个典型特点。

③ 高级社群。这时的社群不再仅仅是人群的聚集，信息、服务、商品等成为构成社群的重要因素，社群经济便产生于高级社群之中，浓厚的商业气息是这个阶段的大多数社群的主要特征。

可以发现，“人”是社群发展过程中的核心要素，这里的“人”可以被称为“粉丝”，没有粉丝，便没有社群，因为社群从本质上来讲是人与人的集合。因此，经营社群的第一步，也是最基础的策略，便是要获得粉丝的关注，并进一步将他们聚集起来。

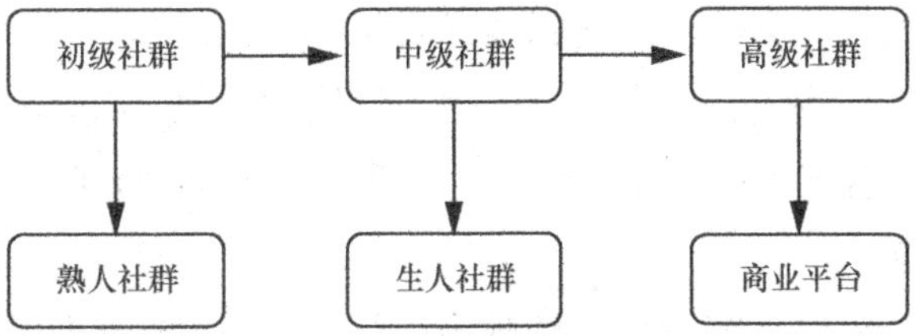

图 6-1 社群的发展历程与主要特征

6.1.2 粉丝为满足需求而来

在理解粉丝是社群存在与发展的核心后，我们需要解决粉丝为什么要加入或参与在线品牌社群的问题。我们发现，成功的社群往往牢牢把握了社群的三大要素：兴趣爱好、情感认同和物质价值。

1. 兴趣爱好

酣客公社、百度贴吧、罗辑思维等社群的火爆，说明了兴趣爱好在社群发展中的重要性。事实上，无论是现实世界中的社群还是虚拟社群，想要获取更多的粉丝，一个很好的切入点便是兴趣爱好。在通常情况下，人的社交圈子可以分为三种：熟人圈、职业圈与兴趣圈。熟人圈范围较小，但社会关系较为稳定，往往是一个人社交的核心圈子；职业圈几乎没有可选择性，无论在哪里，人们总会遇到必须交往的同事，由于工作需要，职业圈子是一个人必须构建的社交圈子；兴趣圈之所以成为人的主流社交圈子，很大程度上是因为在互联网时代，传统的熟人圈子和职业圈子已经不能满足人们的需求，人们渴望与自己志同道合的人建立社交关系。移动互联网为人们构建兴趣圈提供了技术支持与互动平台，使人们可以组建最契合自身的社交圈。总而言之，想要“聚粉”，最好的方法便是打“兴趣爱好”牌，社群经营者需要做到的就是精准定位目标人群的兴趣爱好，然后投其所好。

2. 情感认同

兴趣爱好背后的更高层次的因素是情感认同，社群是人获得情感认同的重要渠道。人们加入格调较高的社群会带动自身格调的提升和提高自身的生活质量。此外，长期的社群参与也会促使人们主动分享自身的故事与知识，最终获得他人的认可与关注。当然，人们一般不会加入层次远远高于自身定位的社群。可见，社群在建立之初要想吸引更多的成员，一个有效的方式是让成员们感知到“我们社群的人是一类人”“我在社群中能够获得认同”。因此，关注成员的情感需求，是“聚粉”阶段的另一个重要工作。

3. 物质价值

兴趣爱好、情感认同都是从情感需求的角度出发的。然而，在消费者愈发理性的今天，单纯的情怀不能长久地留住客户，“锤子手机”的发展便是一个鲜活的例子。因此，社群必须具备较高的服务价值，才能留住成员并不断吸引新的成员加入。提高社群的物质价值主要有两个途径：一是做好产品，销售产品是任何一个盈利性企业的最终目的，社群经济也不例外，产品的属性和功能是展现社群与企业价值的最有说服力的参数；二是提高服务价值，当前，服务已经成为产品价值重要的组成部分，在竞争日趋激烈的背景下，企业对服务的关注达到了前所未有的水平。因此，社群经营者除了关注社群核心产品的价值外，还应当牢牢把握社群的服务价值，为成员提供优质的社群服务以满足他们的社群物质价值需求。

综上所述，社群经营的第一步是聚集粉丝，而聚集粉丝则可以从用户的兴趣爱好、情感认同和物质价值需求三个方面着手。

聚集粉丝“三部曲”如图 6-2 所示。

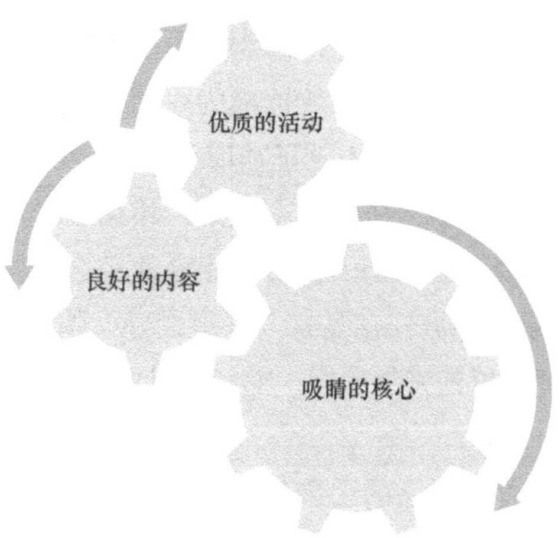

图 6-2　聚集粉丝“三部曲”

6.2 打造吸睛的核心人物

6.2.1 明确社群价值

品牌社群是以人为单位的社会关系的集合。在复杂、动态的商业背景下，企业若选择了社群营销，就要明白社群的目标与定位，也就是说，社群对用户而言应该具有什么样的价值。价值体现了用户的需求，只有切实地满足用户需求的社群，才是具有价值的社群。无论社群的初衷是推销产品还是科普知识、是纯粹的娱乐消遣还是宣传思想等，都会影响甚至决定社群的用户与社群的运营方式。

小米社群运营的目的是推销产品，为自身与用户之间提供交流渠道及为“米粉”们提供交流互动的平台；罗辑思维运营的目的是为“80后”“90后”的有“读书求知”需求的都市知识型青年提供学习平台；酣客公社以酒文化和粉丝经济研讨为纽带，汇集中年企业家群体，引领他们打造心灵家园。由此可见，无论社群的服务对象是哪个群体，社群运营者都要关注他们的需求及社群文化。从社群的原始概念出发，品牌社群本质上是一个生态系统，是一种部落化的经济形态，而任何部落都有一个核心的价值观，即社群定位。

当前社群管理存在一个普遍的问题，便是社群定位模糊，其在成立之初往往将所有的人当作目标用户，且急于打造社群活跃度。这些做法会损害社群的真正用户与粉丝的参与体验感。社群的用户与活跃度是需要一个沉淀的过程的。社群在成立之初应当把运营的重点放在提高社群价值上，并通过借助社群价值观与社群文化过滤用户，以最优质的社群内容吸引最忠实的用户，并加强与这些忠实用户的联系。互联网连接了一切，而我们需要做的便是使其产生经济效益，否则互联网的连接属性对企业来说也是没有意义的。

6.2.2 打造核心人物

一个社群也是一个小社会、小组织，同样具有一定规模的管理系统和成员结构。社群的管理系统呈现多元化和分散化的特点，既有处于顶层的社群核心人物、群主，也有负责日常运营的管理员及社群积极分子。社群无论发展到什么阶段，都必须有一个核心点将所有成员汇聚在一起。这个核心点可以是一个人、一些人或一个品牌，如：罗振宇是罗辑思维的核心点；罗永浩是锤子科技吧的核心点；小米手机则是小米社群的核心点。这些核心点几乎具备一个特质，就是魅力人格体，罗振宇浩如烟海的知识、罗永浩的情怀、小米的性价比都是其自身魅力的重要支撑。社群核心点的魅力往往会成为社群的文化特质。

核心人物（群主）是社群的凝聚点，社群要想长远发展，还应当设置管理员。管理员更多是承担社群日常运营的工作，他们是核心人物或群主的主要助手，其社群经营表现在以下方面：

① 提高成员交流的积极性，提升社群的向心力、凝聚力，打造一个温馨、轻松、有品位的社群环境；

② 通过发言、提醒等方式与成员交流，引导成员积极发言、主动参与社群活动；

③ 发布群公告，组织、支持社群活动，解答成员们的疑问；

④ 管理维护社群秩序，拥有清除违规成员的权力。

6.3 策划良好的内容体系

6.3.1 内容是企业价值的来源

在互联网时代，企业的经营方式被重塑，营销方式更是层出不穷，在线品牌社群营销成为其中备受欢迎的一种。企业要想通过社群营销提高市场占有率，就要学会去单一化，改变传统营销模式中的单一手段，丰富营销内容。

企业依靠新技术与新媒体在在线品牌社群汇集了大量用户。但是，如果在线品牌社群没有真正有价值的内容，仅仅依靠新平台来吸引消费者，显然是缺乏可持续性的。所以，任何在线品牌社群的良性发展都离不开高质量的社群内容。

随着社群经济与社群经营的发展，社群成员的数量已经不再是评价一个在线品牌社群是否成功的核心指标，反而是社群所提供的内容的价值决定着一个在线品牌社群能否取得成功。人们普遍认同内容是社群营销取得成功的重要条件，也是吸引用户关注社群的关键因素。那么，在互联网时代，企业就需要明确自己以什么样的社群内容来为消费者提供服务，为企业创造价值。

通过对文献的分析，我们把具有优质内容的社群分为三类：干货社群、故事社群和多元社群。

1. 干货社群

“干货”一词来源于电子商务，是指电子商务从业者发表或分享的一些关于产品在网络中推广或营销的文章和方法。由于这些方法具有较强的实用性，不含水分，没有虚假的内容，所以被业内人士统称为“干货”。在在线品牌社群中，“干货”强调的是社群对消费者具有的功能价值。功能价值相比情感价值和社会价值，处于在线品牌社群价值层级的基础位置，但同样是影响消费者品牌忠诚的重要因素，因为消费者参与品牌社群的首要目的往往是获取产品咨询或解决产品在使用过程中遇到的问题。

在在线品牌社群营销中，内容是基础。对于社群经营者来说，优质的内容应该成为社群运营的主要内容。但在实际生活中，很多社群的内容过于空泛，浮于表面，不能为企业创造价值。归根结底，企业在经营在线品牌社群的过程中应将其打造为一个干货社群，以便为用户带来切实的价值。

案例：人马君

2014 年，人马君（人指“人鱼线”，马指“马甲线”）社群诞生，目前已发展成为国内知名的健身服务品牌。人马君利用具有针对性的科学健身方法，推出了当前国内领先的健康高效的瘦身塑形方案。数据显示，人马君的服务对象瘦身成功率达 95%。

人马君社群的初心就是做健康有效的减肥社群，并把核心用户定位为产后妈妈及那些 20 ～ 35 岁的微胖女性。人马君通过微博和微信发布各类健身干货和活动信息，并始终坚信社群的内容质量比用户量更重要。因此，人马君社群中的各类信息与知识全部经过经营团队的精挑细选。正是由于这种对社群内容的严格把控，人马君为立志减肥的用户提供了大量干货，也为自身社群营销的成功奠定了基础。

2. 故事社群

这个时代，仅仅有好产品是不够的，还得会传播，要用最通俗易懂的方式将企业的故事传递给消费者。一个好的故事往往能打动人心，在互联网营销背景下，不会讲故事的营销者一定不是最优秀的营销者。同样，如果社群经营者能将产品营销故事化，通过讲故事进行产品营销，这样的社群一定会脱颖而出。

社群的主体是用户，而用户的需求是企业需要认真对待的内容，满足用户需求并提供打动用户内心的内容才能使产品以最简单的方式被用户接受并消费。童话之所以被人们所喜爱，是因为它满足了人们对美好事物的向往。如果一个品牌能够将自身故事化，能够给自身赋予某种意义，那么这个品牌也会被人们所喜爱。因此，社群经营者要善于将推送的内容以故事的形式呈现给用户，采用娓娓道来的方式将所要传达的信息传递给用户，使用户在潜移默化中成为品牌的忠实拥护者。

案例：哈根达斯——爱她，就带她去吃哈根达斯

哈根达斯是会讲故事的品牌的代表。哈根达斯在最初进入中国市场时一度将自身打造成爱情的象征，一句“爱她，就带她去吃哈根达斯”的广告语是一代人的青春记忆。每年情人节，哈根达斯线下店都会举办各类情侣主题活动，情侣们到店消费，不仅仅是来吃冰激凌，更多的是来表达对彼此的爱意。可见，哈根达斯的爱情故事为自身增加了不可估量的附加值，成就了其运营的成功。

此外，我们很少看到哈根达斯在各种媒体上做广告，这源于哈根达斯对自身清晰的定位。哈根达斯将核心消费者定位为年轻人，这类群体对新事物

的接受能力较强，因此，哈根达斯的广告基本上是在在线社群中推送。通过线上与粉丝互动、线下开展活动，哈根达斯将自身打造成爱情的象征，为消费者构建了一个美丽的爱情童话，每个人都可以在这个故事中找到自己的影子。这些在哈根达斯的产品命名中可以切实感受到，例如，哈根达斯的很多冰激凌都有一个甜蜜的名字，包括"绿野仙踪——童话般的爱情""月光恋人"等。

3. 多元社群

品牌社群中的用户来自天南海北，他们的特质、个性、兴趣和价值观等各不相同。如果社群经营者只讲产品，那么可能只有一部分用户会被吸引。所以，在社群营销过程中，经营者要想得到更多用户的支持与互动，就不能仅仅介绍产品，而是要从多个方面着手，引起社群中大多数用户的共鸣。

对于社群内容上的推送，除了以产品为核心内容外，企业还可以在社群中推送其他有价值、有意义的内容，如社会热点话题、情感咨询、正能量的人物和事件等。这就是说，企业在社群营销中不能唯产品论，但是也不能完全脱离产品。对于社群经营者来说，如何把握好这个度是一个考验。其实一个很好的解决方法是，社群除了以产品为核心对其做一些介绍与宣传外，还可以向用户讲述产品研发过程中的小故事、企业的发展史、企业创始人的经历或者企业文化等，通过这些以品牌或产品为核心的外延内容，引起消费者的关注与认同。

案例：罗辑思维

罗辑思维将自身定位为知识服务商和运营商，但是罗辑思维微信公众号里除了付费的课程和书籍外，每天还为用户提供60秒的"罗胖60秒"和其他内容。如在2019年国庆假期开始前，罗辑思维为用户提供了多篇出游攻略，又在假期结束后的第一天，推送了一篇题为《节后开工，怎么快速激发大脑活力?》的文章。这些推送内容会引起读者的兴趣，诸如此类的例子数不胜数。罗辑思维除了在社群中推销付费内容外，也十分注重其他内容的推送，为用户打造了一个以产品为核心的多元在线社群。

6.3.2 如何做好社群内容

传统的第三方平台营销对企业来说一方面增加了营销成本，另一方面也增加了营销体系的风险。在互联网时代，企业借助微信、微博、网站、QQ等社会化媒体打造了完全属于自身的在线社群营销平台。在这些平台上，企业在合规的前提下可以尽情地展示自己的产品和服务，消费者也可以第一时间接收到企业传递的信息，从而极大地提高了交易效率，这是在线社群营销的一大优势。

越来越多的企业认识到在线品牌社群的重要性，因此，这些企业纷纷建立了自己的品牌社群。虽然消费者会使用很多产品，但是不意味着他们会成为每一个产品的粉丝，因此，做好社群内容、对消费者产生吸引力是非常重要的。

下面我们将以微信公众号为例讨论如何做好社群内容。微信公众号的社群内容组成如图 6-3 所示。

图 6-3 微信公众号的社群内容组成

1. 内容的主题

一些微信公众号为了扩大目标用户的范围，往往将服务对象与服务内容的外延尽可能扩大，最后导致社群内容的主题空泛，缺乏针对性。但事实上，无论是什么样的社群，经营者必须具备一个自己最为擅长或大家最感兴趣的主题，以此来聚集那些对这个主题同样感兴趣的用户。“为发烧而生”是小米社群的主题，小米社群在这一主题的引导下始终将高性价比作为产品推广的宣传重点。

2. 内容的选择

微信公众号的内容大体上可以分为两类：原创与网络精选。原创内容是最能够获得用户关注度的，因为它是社群内容独有的。优质的原创内容往往被用户转发，进而有可能获得更多人对公众号的关注。但对微信公众号而言，其需要每天向用户推送不同的内容，因此运营者不可能自己完成所有推送内容的创作，这时就需要借助互联网等渠道选择优质的、符合公众号运营价值与目的的内容进行推送。

3. 内容的推广

微信公众号的内容通过文字、语音、图片及视频等形式向用户传递，经营者在推广内容时，可以自由选择这些形式。利用不同形式的组合进行推广会使用户获得不同的社群参与体验与乐趣。

需要注意的是，经营者选择以文字形式推广时，应尽量控制字数，过多的文字会削弱用户的阅读欲望。文字的表达可以为趣味风格、知识风格、互动风格及哲思风格等，如图 6-4 所示。目前，微信公众号内容推广的主流形式是文字加图片，文字为用户传递信息，图片则给用户带来视觉触动，加深用户对推送内容的理解与印象。

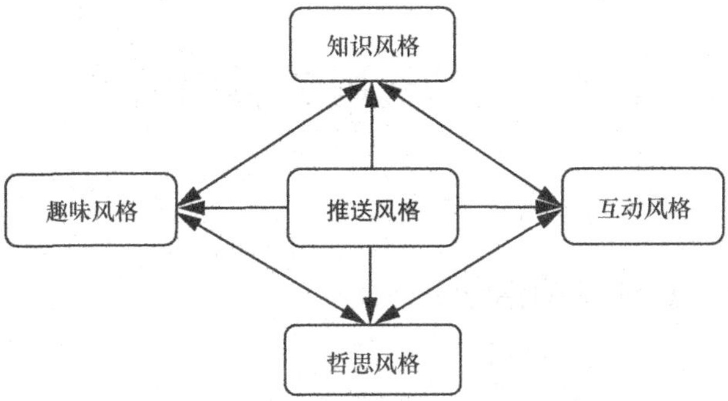

图 6-4　微信公众号内容推送的风格

案例：60秒告诉你一个道理

罗辑思维在问世之初，推出了每天推送 60 秒语音的内容，通过这种方式聚拢了大量粉丝。例如，罗振宇在一次 60 秒的语音中阐述了一个极具哲思的话题，内容如下。

最近看了一本小说——马伯庸写的《三国机密》。书上说的是曹操当年挟天子以令诸侯的事情，假如你是汉献帝，该怎么办？通常人的思路就是积聚武力，想办法替代曹操。历史中，汉献帝就是这么做的，结果失败了。但是马伯庸的这部小说提供了一个不同的思路，就是汉献帝若一味地呈现天子该有的仁德，其实最后也能赢。这听起来像是道德说教，但是如果用武力和阴谋，汉献帝怎么可能是曹操的对手呢？这是用自己的劣势对抗对方的优势啊。如果展现仁德就不一样了，仁德展现得越多，属于天子本身的魅力就越大，这是巩固本来的优势。所以有句话贴在我们公司的墙上，叫作“竞争意识损害竞争力”。因为竞争意识让你在模仿对手的优势，而忘了自己的优势。

短短的60秒，罗振宇利用这种平易近人的讲述风格向粉丝阐明了一个具有思辨性的哲理，极大地拉近了其与粉丝之间的距离。

总而言之，社群经营者在做社群内容时务必牢牢把握用户的喜好，以用户的喜好为准则推送最合适的内容，这样才能做好社群营销。

6.4 运营优质的系列活动

6.4.1 设计有创意的活动

当前，发展社群营销已经得到大多数企业的关注与认可，各种各样的在线品牌社群层出不穷，而大多数社群的活动也是千篇一律的。因此，成功的在线品牌社群屈指可数。开展社群活动意在引起成员的兴趣，激发成员对社群产品的购买欲望；在产品质量有保障的前提下，社群活动的创意与新奇是关键。具备这两点，才能激发成员的参与热情和购买欲望。

创意需要策划人员充分激发灵感，而灵感大多来自生活实践。策划人员需要大量阅读新闻资讯，需要深入生活中去捕捉社会热点，在对新闻资讯与社会热点进行分析与解读后形成判断，若是具有新奇和创意特征的话题便可以进行深加工，将其形成社群活动的主题。

案例：《罗辑思维》视频

2012 年，“罗辑思维”诞生了，罗振宇将其定位为自媒体，“罗辑思维”视频节目正式上线，罗振宇以幽默诙谐的方式，通过对各种社会热点话题与时事的剖析及讲述获得了广大青年的追捧。节目受欢迎的很重要的一点在于“罗辑思维”视频扎根社会实践，选取时下人们最为关注的话题进行独到的解读，使社会大众对事件有了一个全新的认知。

6.4.2 形成线上线下互动

脱离线下的线上是空中楼阁。美国销售大师乔·吉拉德曾经说过：“我销售的不是产品，而是我自己。”这句话的言外之意是说，在销售产品之前，销售人员需要让客户了解自己；如果客户不接受销售者这个人，那么也不会接受他推荐的产品。营销学的一项重要研究内容是如何在陌生的情景中让客户对企业产生信任，双方只有建立在信任的基础之上，交易才会达成，而建立信任最基本的途径是面对面互动。

企业依托在线品牌社群一味地与客户线上互动，是不能建立长期稳定的信任关系的。一个成功的在线品牌社群，其社群活动往往是由线上和线下两种模式组成的，两者缺一不可。线上活动主要通过论坛、微信、QQ 等开展话题讨论与信息推送，而线下活动则包含粉丝见面会、集体旅行、产品发布会等形式。只有在线下见到真实的人，客户才会有真实感和亲切感。在线社群营销实现线下与线上的联动，才能获得更好的效果，才能拉近企业与客户之间的距离，使双方建立牢固的信任关系。

案例：小米同城会

2019 年 7 月 14 日，沧州市小米同城会开展了线下首聚，活动主题定为“沧州第一次线下同城会破冰行动及小米CC系列线下新品体验会”。2019 年，沧州小米同城会开始组建，旨在聚集更多喜欢小米、对小米感兴趣的人。本次活动主要介绍小米同城会的组建目的及同城会的内容等，并拉近小米与

“米粉”之间的距离，为沧州“米粉”建立起大家庭。

小米同城会遍布全国各地，各个城市的“米粉”们经常组织开展各种形式的线下活动，一方面拉近了“米粉”之间的距离，另一方面极大地提高了“米粉”们对小米品牌的忠诚度，并且号召更多的人成为“米粉”大家庭中的一员。小米社群的成功与线下社群活动的开展是息息相关的。

6.4.3 通过开放与利他实现共赢

俗语有云:“三个臭皮匠顶个诸葛亮。”社群经营者如果缺乏优秀的活动策划、组织能力，可以考虑增强社群的开放性与利他性，与其他社群开展“联谊”，在合作中实现共生共赢。

“开放”是当前中国社会发展的五大理念之一，这种理念在企业、社群中同样适用，我们在开放中打造“蓝海”，取长补短，共同进步。很多社群的经营者在管理社群的过程中，一方面希望获取他群的用户，另一方面又顾虑自己社群的用户流失。因此，他们最终将自己的社群打造为一个封闭保守的社群。

“自由”与“开放”是市场经济的重要属性，任何封闭都是自毁前程。社群经营者需要认识到这一点，进而保持社群经营的开放性，对于竞争社群，采取观望或学习的策略，积极取长补短、见贤思齐；对于友好社群，则应主动开展合作，优势互补。例如，游戏社群可与电竞设备群建立合作关系，共生共赢。

在开放的前提下，社群活动除了关注自身利益外，还应将利他纳入策划范围中。利他的主要对象包括用户和友群。

服务企业发展是社群营销的根本目标，这是毋庸置疑的，但社群经营者只有满足了用户的需求与利益，才能吸引用户参与到社群中，最后才能实现企业的经营目标。因此，利他的一大对象便是用户。

维护与友群的关系是必要的，与友群保持稳定优质的关系可以将友群的用户转化为自己社群的用户，也可以借助友群的活动来为自己社群的用户谋福利。这些行为的基础是互信互利，因此，利他的第二大对象是友群。

6.5 案例分析：电商老板如何“聚粉”

我们再分析本章开篇电商负责人“聚粉”失败的案例。其实电商负责人所犯的错误与前面几章提到的企业负责人犯的错误差不多，即匆忙之间建立社群，完全不知道如何运营，缺乏相应的规划，所以未能取得成功。以“聚粉”为例，电商负责人在此方面应该如何做呢？

① 电商负责人应该思考一下自己的定位：运营多年，到底谁是企业的客户，企业为客户提供了哪些价值？要满足客户的哪些需求？这是电商负责人需要思考的问题。电商负责人在思考清楚自己可以为客户创造哪些价值后，亮出自己的口号，例如：小米说“为发烧而生”，而华为说“为退烧而在”；小米致力于打造能够给发烧友使用的优质手机，华为打造物美价廉的手机。两者的定位存在差异。

② 在亮出自己的口号的基础上，寻找自己的电商平台上最有影响力的人，可以是客户，也可以是影响客户的运营者；可以是一个，也可以是若干个。这些有影响力的人，通过分享、协同和给予答案的方式向客户传递信息，持续不断地与客户实现有效互动。例如，一家做户外产品的企业，选择在社群里根据场景给自己的用户设计清单，如亲子周末游清单、假日远途徒步游清单，清单中不仅包括各种产品，还会解答使用过程中遇到的问题；客户可以根据自己的需要一键购买，在学习相关的旅游知识的同时，做好旅游的准备。

③ 分析自己的粉丝在哪里。分析的方式包括：根据自己的电商数据寻找忠实的购买者，根据产业链上下游的其他企业建立的社群的特点，分析潜在的忠实客户，找到自己的社群成员。例如，一家做烤箱的生产厂商从面包店寻找到自己的忠实客户。将其发展成忠实粉丝，并与粉丝互动，建立连接，再以铁杆粉丝为基础，继续“聚粉”。

④ 还可以通过设计有创意活动的方式来吸引客户。结合客户的需求，设计若干内容，在微博、微信公众号或其他社会化媒体进行宣传。例如，小米

曾经开展过一个活动——“我的手机编年史”，即大家在微博上晒出自己这些年使用过的不同品牌的手机。再如，一家餐厅曾经拍了一个小视频：一位80岁的老奶奶到餐厅去吃饭，提出只要一块钱的热面条，不要放肉、菜、蛋；但是当服务员端上来这碗热面条的时候，里面却放着色彩缤纷的蔬菜和鸡蛋，服务员热情地邀请老奶奶品尝，并告诉老奶奶放心吃，这碗面不要钱。一个小小的视频，发布在社交媒体上，引起大家的讨论和关注，成为该餐厅的一个很好的广告。

参考文献

[1] [美]威廉•詹姆斯. 心理学原理[M]. 北京：北京大学出版社，2013.

[2] 周志民，吴群华. 在线品牌社群凝聚力的前因与后效研究[J]. 管理学报，2013，10(1)：117-124.

[3] 王菲,张思. 基于身份认同理论的在线品牌社群聚合机制与商业价值实现路径分析[J]. 新闻春秋，2019(2)：54-60.

[4] 王东兴. 品牌社群感知、消费者卷入对品牌社群价值的影响研究[J]. 财经理论研究，2016(6)：98-104.

[5] 周志民，陈然，张江乐，等. 在线品牌社群中的关系形成机制——基于奇瑞新奇军论坛的网络志研究[J]. 管理案例研究与评论，2015，8(6)：500-512.

[6] 陈慧，杨宁. 社会网络视角下在线品牌社群价值共创机制研究——客户契合的中介作用[J]. 中国流通经济，2019，33(9)：103-113.

[7] 李菁菁，洪燕. “重新部落化”时代的“鼓点”——论融媒广播的社群化传播[J]. 中国广播，2018(1)：44-47.

[8] 张瑞，裴明雪. 虚拟品牌社群价值对品牌忠诚的影响——基于控制性氛围的调节作用[J]. 济宁学院学报，2019，40(6)：76-84.

[9] 陈晓冬. 如何讲好一个品牌故事？[J]. 国际公关，2019(2)：50-51.

[10] 杨仁洁,程克群. 在线品牌社区客户参与对品牌承诺的影响——以苹果社区成员为调查对象[J]. 浙江树人大学学报（人文社会科学），2018，18(5)：51-57.

[11] 黄晓颖. 社群经济、电子商务与新型营销模式的关联融合[J]. 商业经济研究，

2019(14)：75-77.

[12] 武超茹，张涛. 重庆市综合发展质量及其影响因素研究——基于创新、协调、绿色、开放、共享发展理念的实证分析[J]. 重庆文理学院学报（社会科学版），2019，38(4)：22-34.

第7章 “参与”是在线品牌社群的灵魂

案例：《英雄联盟》的成功

《英雄联盟》是一款目前风靡全球的竞技网游，其主要玩家是“90后”。截至2020年，《英雄联盟》有接近8亿人的注册量和约1亿人的月活跃量，对于一款游戏来说，这是一个令人震撼的数据。那么，《英雄联盟》为什么获得如此之多的用户？主要有以下几个原因。

（1）即时性

在游戏中，《英雄联盟》玩家的任何一个操作，如敲击键盘、点击鼠标、移动界面等都可以立刻得到反馈，这种即时性是其他游戏难以具备的。正是由于这种即时性，玩家在玩《英雄联盟》时必须保持高度的关注与投入，因为稍不留神，其在游戏中的角色便会被“敌方”击败，这极大地提高了玩家的产品消费涉入度，使玩家获得了极大的游戏体验与乐趣。因此，相比那些需要长期投入时间的策略类、经营类游戏，以《英雄联盟》为代表的具有极强即时性的游戏获得了众多玩家的青睐。

（2）激励性

即时性使玩家在游戏过程中获得了愉悦与快感，但这并不是玩家成为忠实用户的主要原因，在游戏中获得激励是主要因素。玩家在玩《英雄联盟》的过程中会获得金币与经验的奖励，获得的金币可以在其商店中购买游戏角色、符文、皮肤等，游戏经验则会提升玩家的游戏等级。此外，游戏等级的提升在一定程度上反映了玩家游戏水平的提高。《英雄联盟》有一种排位模式，玩家通过排位比赛可以不断地提高自己的段位，段位越高说明玩家的游戏操作水平越高。诸如此类的奖励在《英雄联盟》中屡见不鲜，而玩家为了获取这些激励，自然愿意花费时间和精力，以提高获取激励的概率。因此，激励性是《英雄联盟》大获成功的第二个原因。

（3）成就感

《英雄联盟》的成就感主要来自其排位游戏模式的设置，除了给予玩家游戏的快乐之外，排位模式中高段位的设置还会为玩家带来成就感。“90后”的社交圈子大多以同龄人为主，因此，高段位玩家在与身边其他玩家的对比中便会产生优越感与成就感。这种情感认知会使游戏的激励性进一步体现。此外，当前各大高校的学生社团中往往有“电竞社”之类的社区，在游戏中具有高水平竞技能力的玩家毫无疑问会成为这类社团的中心人物，这在精神上会使玩家产生一种巨大的成就感。

完成了“聚粉”与规定，接下来便是社群活动的策划与开展，其中的关键是让社群成员充分参与进来。只有在一次次的活动中，社群经营者才能调动成员们的参与热情，让他们体验到社群文化与品牌文化，并乐在其中。只有热衷于社群活动的成员才能为企业带来效益，才能成为品牌的忠实用户。

7.1 用户为什么会参与

2016年，阿里巴巴CEO张勇在一次讲话中提出：“商业正从物以类聚走向人以群分。”这句话在某种程度上反映了在个性化和小众化消费崛起的背景下，消费者由过去因产品集聚向因个性集聚而转变的趋势。相同个性的人的集聚对于个体而言，最重要的是增强了其参与感，因为同类人在一起会更容易彼此理解、心照不宣。一项研究发现，个体在创意过程中的参与感积极促进了他们的创新行为。营销领域的参与感是指让消费者与产品之间建立连接并产生情感。这对企业经营在线品牌社群具有极大的启发，因为在线品牌社群本质上也是人以群分的产物，是建立消费者与产品之间关系的纽带，在线品牌社群的运营与发展需要成员们充分发挥自身的创造力。而对社群中的消费者来说，他们对社群投入的精力越多，参与得越深，便越有可能获得愉悦感，越有可能与产品建立良好的交互关系。

在剖析了《英雄联盟》网游用户具有高参与度的原因之后，我们得到以下启发，如图 7-1 所示。

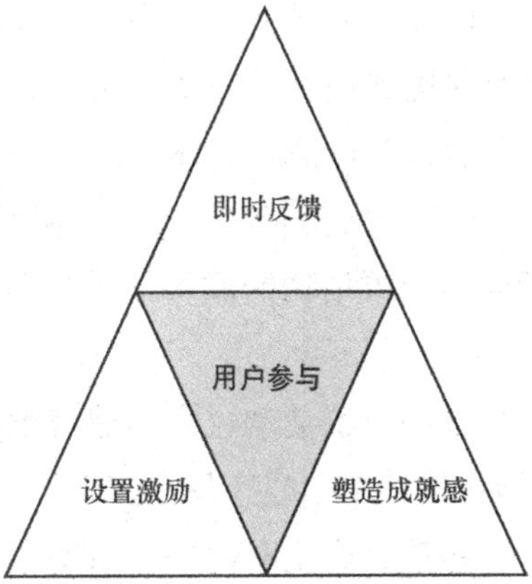

图 7-1　用户参与的原因

1. 即时反馈

社群活动要想获得成员的积极参与，活动中的即时反馈是必不可少的。即时反馈的概念在教育学研究领域得到普遍关注，大量研究发现，即时反馈能够改善学生的学习效果，提高课堂的教学质量，因为即时反馈能够使老师以最低的成本获得学生对教学方式的接受程度。这种思维同样适用于产品营销领域，好的产品大多重视即时反馈机制。

在线品牌社群活动的核心目标是推广与营销产品，但将传统的单向推广和营销方式生搬硬套到在线社群的活动，其本质没有发生改变，只是换了一个场所而已。而在当前的消费背景下，单向灌输的销售方式已没有立足之地。销售人员在销售过程中必须与用户建立及时的互动关系，在第一时间解答用户的疑问，和用户一起讨论产品的性能与设计等。因此，对于在线品牌社群而言，其在开展社群活动时一定要与成员或让成员之间产生即时反馈的关系，在即时反馈的过程中使成员理解产品的功能与理念，最终促成用户的购买行为。

2. 设置激励

自我决定理论强调动机对于个体行为的重要作用，并将动机划分为内部动机和外部动机，动机的本质就是个体行为的激励因素。激励可以是物质激励，也可以是精神激励，前者偏向于外部动机，后者侧重于内部动机。学者发现，外部动机会降低内部动机对行为的驱动力，因为外部动机往往使行为具有更加复杂的目的。但在虚拟的线上交互中，物质激励更具吸引力，因为内部激励会使线上的虚拟性更加突出。在线品牌社群中，只有社群活动具备激励属性，才能调动成员的参与热情。具体而言，在开展社群活动时，社群经营者对于成员们的各类主动行为都应给予相应的奖励。

① 参与奖励。对于参与社群活动的成员给予奖励，如与产品互补的小物件等。

② 互动奖励。对于主动在社群活动过程中建言献策、积极互动的成员给予较大力度的奖励，如给予购买折扣或产品内测等。

③ 获胜奖励。对于一些在具有比赛性质的活动中获胜的成员，给予丰厚的奖励，如赠送新品等。这对社群成员来说是一种极具分量的奖励，可以对成员产生巨大的激励作用。

3. 塑造成就感

根据马斯洛的需求层次理论，成就感与自我实现是人的最高级需求，这类需求对人的激励作用具有更深层次和更持久的影响。对于在线品牌社群活动而言，塑造成就感同样能够让成员们更加积极主动地参与社群活动，且这种行为更具持续性。

社群经营者可以在社群经营中设置独特的等级系统，并将参与社群活动作为提升等级的重要渠道，在组织开展社群活动之前，将此次社群活动的各类奖励进行公示，如参与将会获得多少社群经验、积极互动将得到什么称号等。当然，社群经验与称号的获得最终需要落实到实实在在的物质奖励上，精神奖励与物质奖励双管齐下才能最大化成员的积极性与成就感。比如，社群经验的累积最终将会使成员获得社群VIP资格，而VIP资格将会享受产品设计、内测、购买等环节的种种优先权。

7.2 如何让用户积极参与

参与感影响着消费者对品牌社群的满意度与后续的购买意愿或购买行为。如何制造与提高消费者的品牌社群参与感？打破社群管理者与成员之间的界限是关键。社群经营者应和社群成员成为合作者，共同致力于在线品牌社群的维护与品牌的开发和改善。与消费者成为合作者不仅是在线品牌社群经营的一条准则，也是价值共创时代企业生存与发展的切实选择。具体而言，打造社群参与感可以从消费者互动、社群活动策划、品牌产品设计与完善、社群管理和制定社群制度等方面着手。

7.2.1 参与互动与交流

在线品牌社群使消费者之间的互动从线下扩展到线上。而对消费者之间互动的研究表明，消费者之间互动的动机是为了满足自身需求并获得认知收益、社交收益、个人收益和情感收益等。同时，消费者之间互动的结果可以使企业获得与品牌或价值共创相关的信息，可以使消费者交换消费体验以及共享问题解决方案等。由此可见，消费者互动无论是对企业还是消费者都发挥了积极作用。此外，在社会认同理论中，社会认同是个人对自身归属于某一社会群体的界定，较高的社会认同意味着个体能够在群体中获得归属感，同时也能感受到社群的情感意义和价值。因此，积极的人际互动也可以通过提高消费者的社群参与来使消费者感受到品牌社群的价值与意义，并产生对品牌社群的认同。

在线品牌社群应当为消费者间的互动创造并提供条件。在线品牌社群管理者应该更多地组织传播品牌的核心价值观的活动，如可以在社群中组织关于品牌的文化知识竞赛活动等。同时，企业要利用好在线品牌社群沟通平台，通过在线平台了解消费者的真实需求，并鼓励和引导消费者之间及时交流消费体验与经历，促进品牌的口碑传播。当前，企业组织消费者之间互动的最成功的案例当属小米公司。通过在线品牌社群，小米汇聚了大量粉丝，并经常组织粉丝开展各类线上、线下的互动交流，如同城会、小米“爆米花”等活动。通过这类活动，小米将消费者的社群参与感及其与品牌的连接都提升到了一个新的高度，从而形成了独具特色的营销理念与方式。

7.2.2 参与策划社群活动

社群消费者人数众多，不容易达成共识，因此在与消费者合作策划与开展活动之前，社群经营者需要对社群活动的主题进行定调。有一个明确的主题才能更好地引导消费者参与，让他们根据主题进行策划。

要让社群成员获得参与感，最直接的方式就是让他们策划社群活动。在把握活动主题和形式的前提下，社群经营者可以将活动的一些细节交由社群成员策划，具体策划内容如图 7-2 所示。

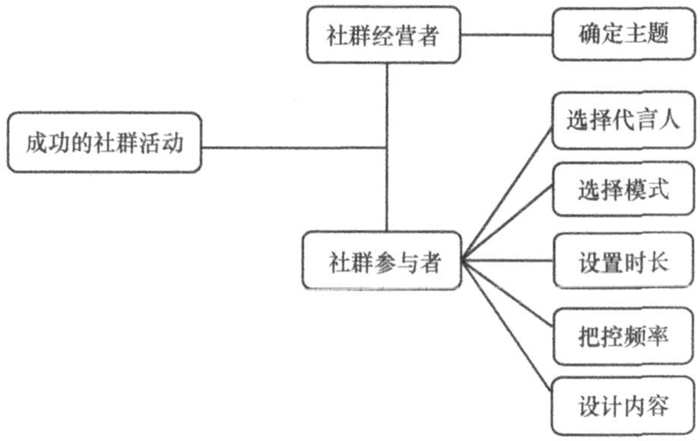

图 7-2 社群活动的策划内容

1. 选择品牌代言人

选择品牌代言人在一定程度上超出了社群活动的范畴，但一个品牌的发展离不开一个代言人，与品牌契合的代言人能增强社会大众对品牌的认可，同时也利于将代言人的粉丝转化为品牌的粉丝。那么，如何选择一个合适的代言人便成为企业面临的一个难题。代言人被定义为“为某一品牌做广告代言的一些明星或知名人士”，也指为某一群体着想的代理人。因此，将代言人的选择权交给用户，让他们选择自己喜欢的明星或知名人士，让他们寻找为自己这一类人着想的代理人，比企业自己选择代言人会产生更好的代言效果。

当然，为避免众口难调，企业可以根据自身能力事先划定选择范围。

2. 选择活动模式

目前，在线品牌社群的活动模式主要分为线上与线下两种，活动以哪种模式开展需要由参与活动的主体决定。根据社群活动参与者的需求选择适宜的模式，是社群活动参与度的保证，而将参与模式的选择权交给他们则能够提高他们的活动参与感，因为这在一定程度上意味着他们对社群活动产生了影响。

3. 设置活动时长

社群活动往往突出一个“玩”字，让用户在玩的过程中加强对品牌的忠诚度。那么，玩多久当然是由玩的人说了算。活动在开展后若取得了不错的反响，社群经营者便可以考虑将活动的时间决定权交给社群成员，让他们在这个时间段一次玩个够。

4. 把控活动频率

当一些活动取得成功之后，社群经营者可以考虑将其打造为一种固定形式，最大化这一类活动的宣传与推广作用。那么多久组织一次这样的活动呢？这时便可以去征求社群成员的意见，因为他们是社群活动的参与主体，他们的参与意愿是重要的考虑因素。

5. 设计活动内容

在线品牌社群活动的内容包括推出新品、周年纪念、线上讨论、线下游戏等，这些活动内容应当根据社群成员的需求而各有侧重，最好是由社群成员自己决定。

心理学中有一个概念叫“心流体验”，指的是个体全身心投入某种活动时的一种精神状态。消费领域的心流体验被定义为消费者完全参与消费活动时的感受，它是一种非常愉悦的体验，即个体在参与活动时具有完全的参与、享受、控制、专注和内在兴趣的一种体验。当消费者处于心流体验时，其意识只专注于自己所进行的活动。而消费者在活动中获得愉悦感受时，更容易认为自己所从事的活动是令人满意的。因此，在在线品牌社群活动的策划中，消费者的全面参与使他们更有可能获得心流体验，从而获得愉悦感，对社群与品牌产生喜爱与信赖，并最终成为该品牌/产品的忠实消费者。

7.2.3 参与产品设计

在小众化和个性化消费崛起的时代，人们对DIY（Do It Yourself，自己动手制作）情有独钟，如果自己设计的产品与提出的理念能够得到他人的认同，对其来说无疑是一种成就。DIY的理念应用至商业领域，可以类比为开源，当前商业领域充斥着大量开源产品，我们最为耳熟能详的便是谷歌公司开发的安卓系统。本着开源理念，安卓在全球的智能手机系统市场中占据着近90%的份额，各个细分市场在开源情境下根据自身需求对安卓系统进行改善与升级。例如，在中国市场，很多企业根据中国消费者的习惯对安卓系统进行了二次开发，诞生了MIUI（小米）、FLYME（魅族）、EMUI（华为）等优质的操作系统。如此一来，安卓便能满足全球绝大多数用户的需求。

不仅互联网企业适宜开源，在社群经济背景下，任何企业的产品开发都可以不同程度地借鉴“开源”理念。当企业激发了消费者的DIY欲望时，消费者就会积极地参与到这类活动中。由消费者设计产品，本身就是对消费者的一种有效激励。消费者对产品进行设计或完善之后，产品也更加符合消费者的实际需求。海尔的一大经营理念是“创造消费者需求”，其中很重要的途径便是将消费者纳入产品设计与生产的范畴，这样，其与消费者可实现价值共创。

案例：积木王国——乐高

乐高（LEGO）是世界知名的积木玩具商，2018年12月，乐高入选2018世界品牌500强，位列第98位，2019年10月，Interbrand（全球最大的品牌咨询公司）发布的全球品牌百强榜中乐高排名第75位。人们不禁产生疑问，作为一个玩具商，乐高是如何取得这样的成就的？

乐高的积木玩具伴随全世界孩子的成长，与其他积木玩具相比，乐高最大的不同之处在于孩子们拼砌积木时可以根据积木原型进行组装，也可以按照自己的喜好进行设计，进而组成具有特色的模型。2013年，乐高推出乐高创意平台，在这个平台上，所有用户可以借助“乐高数字设计师”工具，设计自己理想的玩具模型，并可以将模型上传至在线平台，其他用户则可以对这一模型进行在线投票。乐高的意图是，如果某一设计的得票在一年内超过10000票，乐高便会考虑将这一设计作为正式的产品推出，并给予设计者相应的报酬。

乐高的成功，很大一部分原因在于其将“开源”理念落地生根。一味地将产品单向推送给用户，用户总有不满意，甚至有厌倦的一天，而将设计开发的部分权利交给用户则会使企业的研发永葆活力。

那么，如何让消费者设计产品？

1. 抓核心

开源的前提是核心技术与核心属性的牢固性，企业的核心技术是需要保护的，这是企业的竞争力保证；此外，企业与产品专属的文化、精神与风格也是不允许被随意更改的。因此，核心技术与核心属性是企业在开源时需要把握的。

2. 征创意

产品的功能属性与价值最终是要满足消费者的需求，因此，在产品开发时，企业可以借助在线品牌社群大范围征集消费者对产品功能的要求与期待，尤其是关注那些产品“发烧友”的建议，他们往往是在线品牌社群中的“意见领袖”。通过创意征集活动，产品的市场契合度将会大幅提升。当然，产品功能等的设计创意一定是企业在综合考虑各个方面后的选择，并非消费者想要什么功能就会设计什么功能。

3. 放形象

产品形象的设计开放度是最高的，也是最适合开放设计权限的。产品的“颜值”设计是最容易引起消费者反响的一项社群活动。

4. 议价格

当产品开发出来后，以什么样的价格进行销售，也是企业的一个重要议题，买卖双方都接受的价格是社会效益最大化的基础。企业可以设置成本价与交易价，成本价用来保证自身盈利的价格底线，并不对外公布；交易价则可以由双方商议决定，可以对外公布。企业可以通过在线品牌社群发起价格设计投票活动，让更多的消费者参与到产品价格的确定中，最终的产品价格也更容易被消费者接受。

7.2.4 参与产品完善

新产品问世后，并不意味着产品开发的结束，企业需要对产品进行不断改进与完善，这也是完整的价值创造过程中的一个环节。任何一款产品总会存在问题与不足，如果问题严重，则需要“召回”市面上的产品，甚至对用户进行补偿。企业必须重视用户的消费体验，而在线品牌社群中的用户往往是品牌较为忠实的用户，因此他们的消费体验更值得企业重视并给予即时的回应。对于产品完善，企业需要从两个方面着手。

1. 拓宽意见表达渠道

充分发挥以在线品牌社群为代表的互联网平台信息流通作用，在这些平台上设置相应的版块，为用户创造便捷的意见表达渠道，这也是塑造口碑的一个有效途径。

2. 快速即时回应

用户反馈信息是为了进一步完善产品，如果企业只是回复一句“感谢反馈”或置之不理会极大地打击用户参与反馈活动的热情与主动性。因此，在收到用户的反馈意见后，在线平台的管理者应给予积极的回复，和用户产生即时互动，这样会极大地提高用户的参与感。用户信息反馈回应策略如图 7-3 所示。

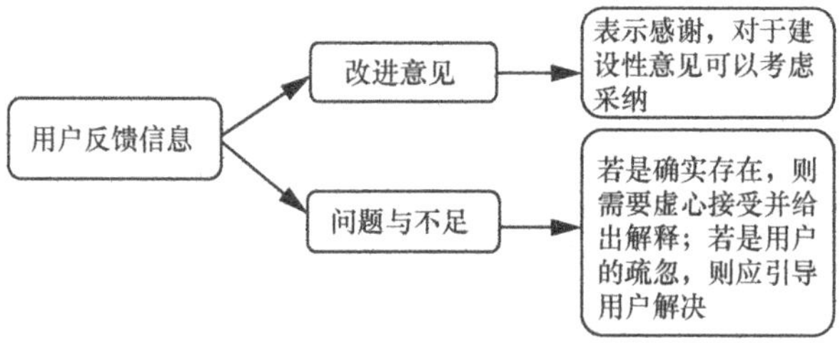

图 7-3 用户信息反馈回应策略

消费者参与产品设计与完善的理论基础是价值共创。随着互联网技术的发展，基于企业与消费者共同创造价值的价值共创理论日益成为企业界与学术界关注的话题。价值共创是指消费者参与企业产品生产消耗全流程，以提高企业产品的效用和价值的过程。可见，价值共创理论证明消费者是企业创造价值各个流程中的参与者，而不仅仅是消耗者，这是价值共创理论对传统价值创造理论的延展。消费者参与产品设计，便是价值共创理论背景下企业提高产品价值的可行举措，这也是为什么近年来许多企业的商业模式开始向平台化转型。在平台上，消费者可以参与产品设计、生产和销售及后续完善等各个价值创造过程，从而得到更符合自身预期的产品。因此，在线品牌社群是企业商业模式平台化的一个重要内容。

7.2.5 参与社群管理

提高消费者社群参与感的最后一种方式是让消费者参与社群的运营与管理，实现在线品牌社群自治。社群的运营与管理是一项复杂的工作，想要打造一个成功的社群更是难上加难，需要管理者（群主）投入大量的时间与精力。在线品牌社群在发展初期，成员较少，管理者尚可亲自管理，但随着成员规模的不断扩大，便需要更多的人参与到社群的运营与管理，才能保证社群的稳定与发展。这时，与其聘请专业的运营团队，更加低成本高效率的选择是让社群成员自己管理自己。总体而言，网络社群的自我管理不仅更加微观，而且有着更高的成员参与度。

当前，一个典型的社群自治的例子便是明星的“粉丝会”。大部分明星具有极为庞大的粉丝群体，他们以微博、微信或QQ为载体，成立在线“粉丝团”，明星们通过这些在线社群将自身信息、资讯快速、精准地传递给粉丝们，而粉丝们则通过在线社群给予他们喜爱的明星最直接的支持。

1. 重视核心用户

企业将社群交给用户管理并不意味着所有人都参与社群的管理，为避免管理的混乱，企业应当把握社群中的核心用户，即掌握那些具有高中心性的用户，他们是社群的非正式领导，对社群中其他成员具有极强的影响力。因此，企业应与这些用户建立良好的互动关系，将他们纳入社群管理层，让他们成为企业与用户沟通重要的桥梁。

2. 管理核心用户

在与核心用户建立良好持续的互动关系后，培养他们成为社群管理员，将社群管理的一些权力让渡，让他们自主管理，企业需要做的只是聚拢核心用户，传达社群文化，并引导社群话题。至于具体如何去做，可以交给用户自己决定。

3. 做好产品

社群运营的核心并不是管理者，而是社群产品。企业只有不断推出优质的产品，才能将社群用户牢牢把握住，并获得他们的支持与购买；反之，没有优质的产品，品牌社群就只是纯粹的聊天群，久而久之，社群便会走向衰亡。因此，没有优质的社群产品作为品牌社群的支撑，即使再优秀的社群运营者也难以使品牌社群获得可观的经济效益。做好产品也是小米使用三三法则①中做口碑产品的核心观点。

我们通过社群管理提高消费者参与感的核心在于使参与者理解并践行互联网社群中的自我秩序化理念。随着互联网社会结构的不断复杂以及用户规模的不断扩大，更多的人开始思考外部监管在网络社会秩序化过程中的重要作用。我们需要构建一种新型的、合作共治的互联网社群治理模式。

通常，互联网社群的规则具有内生性，是由全体社群成员协商与交流达成一致的认识，社群成员在共享社群资源的同时共同参与管理社群的日常事务。互联网社群中，包括群主在内的社群管理者并不具备支配社群成员的权力，运行机制天然排斥权威的形成、单一权力的主导。因此，维系互联网社群存续与发展的一切规则均应由社群成员自我制订，其内部的管理活动也应是一种自我决策、自我管理和自我发展的自治群体。但是，互联网社群自治的前提是遵循现实的社会规范，故自治性是互联网社群的天然特性之一。

当你积极参与社会活动的时候，你会更加热爱生活。当一个消费者发现自己和品牌有着千丝万缕的联系时，他也会对这个品牌更加认可与喜爱。品牌关系不同于人际关系，但是只要涉及关系，本质上就是一种连接，连接的广度与深度决定着品牌与消费者关系的牢固性，而提高消费者的参与感是增强其品牌与消费者关系的重要因素。

① 小米公司“参与感”构建指南——“三三法则”：做口碑产品、做粉丝、做自媒体三个战略和开放参与节点、设计互动方式和扩散口碑事件三个战术。

参考文献

[1] 杨仁洁，程克群. 在线品牌社区客户参与对品牌承诺的影响——以苹果社区成员为调查对象[J]. 浙江树人大学学报(人文社会科学)，2018，18(5)：51-57.

[2] 胡文安，罗瑾琏. 双元领导如何激发新员工创新行为？一项中国情境下基于认知—情感复合视角的模型构建[J/OL]. 科学学与科学技术管理：1-19[2020-03-29].

[3] 范庆斌，秦炳旺. 即时反馈机制在现代学徒制中的实践——以酒店管理专业为例[J]. 江苏教育，2018(84)：61-63.

[4] 高虎. 即时反馈型信息化教学平台对大学英语课堂教学生态的促进[J]. 文教资料，2018(21)：223-224.

[5] Ryan R M，Deci E L. Self-determination theory and the facilitation of intrinsic motivation，social development，and well-being.[J]. American Psychologist，2000，55(1)：68-78.

[6] Grant A M，Nurmohamed S，Ashford S J，et al. The performance implications of ambivalent initiative：The interplay of autonomous and controlled motivations[J]. organizational behavior & human decision processes，2011，116(2)：241-251.

[7] 晋铭铭，罗迅. 马斯洛需求层次理论浅析[J]. 管理观察，2019(16)：77-79.

[8] 严新锋，王炳旭，刘春红，等. 网络品牌社群参与的需求层次模型——基于扎根理论的探索性研究[J].经济经纬，2015，32(1)：90-95.

[9] 迟铭，毕新华，徐永顺. 治理机制对客户参与价值共创行为的影响——虚拟品牌社区的实证研究[J]. 经济管理，2020，42(2)：144-159.

[10] Nambisan S，Baron R A. Virtual Customer Environments：Testing a Model of Voluntary Participation in Value Co-Creation Activities[J]. Journal of Product Innovation Management，2009，26(4)：388-406.

[11] 荆磊，于洪彦.在线品牌社群客户间互动对客户购买意愿的影响[J]. 税务与经济，2020(2)：36-45.

[12] Rose R B A . Human Groups and Social Categories：Studies in Social Psychology by Henri Tajfel[J]. Contemporary Sociology，1983，12(2)：237-238.

[13] 姜越宇. 代言人可信度、品牌形象与消费者购买意愿[J]. 福建商学院学报，2018(6)：21-31.
[14] 闫安，李添秀. 虚拟社区中知识获取方式对获取结果的影响研究——以知乎社区为例[J]. 图书馆理论与实践，2020(1)：65-71.
[15] 斯则宾，钱志芳. 工作室模式下大学生创新创业探索与实践——以“手随心动”DIY创意工作室为例[J]. 智库时代，2019(35)：183-184.
[16] 姜尚荣，乔晗，张思，等. 价值共创研究前沿：生态系统和商业模式创新[J]. 管理评论，2020，32(2)：3-17.
[17] 杨宁，陈慧. 虚拟品牌社群消费者公民行为缘何而来——基于社会资本理论的视角[J].企业经济，2019(9)：31-38.
[18] 周恒. 互联网社会的自我秩序化：可能、形式及其意义[J]. 新闻界，2020(3)：63-70.

第8章 “品牌”是在线品牌社群的吸引力

伴随社群经济的火热发展，当前的社群已经进入3.0时代。

社群1.0时代以聚集人群、传递和互通信息为主要目的，传播的主要方式是文字与图片，这时的社群主要是“熟人社会”。

社群2.0时代淡化了“熟人社会”的概念，引导一群有共同爱好的个体聚集，这时的社群中存在大量的陌生人，他们在社群中探讨共同喜爱的事物，从而产生对彼此的信任和对社群的认同感及归属感。

社群3.0时代，是社群发展的现阶段，社群将“连通一切”作为目标，社群不再仅局限于人的集合，更多的是聚集信息、知识、服务等，从而为社群经济的发展提供了交流平台。

“连通一切”的时代，人们对品牌的追求更加强烈，因为品牌可以使人们在浩如烟海的互联网信息中快速识别出自己最需要的东西，品牌的价值对企业当期价值与未来价值的提升也具有积极的影响。提升品牌价值也成为我国建设制造强国，实现创新驱动和转型升级的重要环节。

随着在线品牌社群营销的普遍化，各个品牌社群之间的竞争是不可避免的，社群营销的红利似乎在逐步下降。在这种背景下，对企业来说，一方面，是如何有效地开展社群营销推广产品；另一方面，企业需要认识到，在线品牌社群影响的终极之道不仅仅在于把在线品牌社群当做产品营销的工具与方式，而是把在线品牌社群打造为企业的品牌，即社群品牌化。社群品牌化的目的在于提高品牌社群的可信度与识别度，让消费者更好地感知到品牌社群的存在价值。因此，社群要想更好地发展，品牌化是一条有益的途径，社群品牌化是当前以及未来企业社群营销需要思考的重要话题。

借鉴企业文化的“洋葱圈”模型，我们为社群品牌化设计了可以在实际工作中操作的“洋葱圈”模型，如图 8-1 所示，并在本章详细描述各部分的含义与操作。

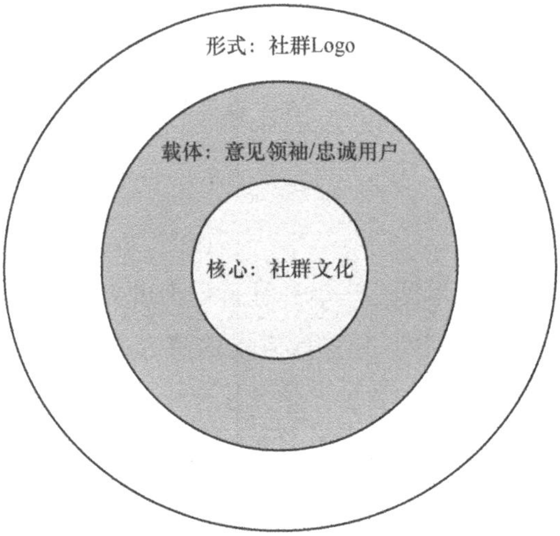

图 8-1　社群品牌化的“洋葱圈”模型

8.1　品牌化的核心：塑造社群文化

在线品牌社群运营中，有一个词汇是运营人员绕不开的话题：社群文化。所谓社群文化，是指那些属于某一区域或某个集体特有的思想与观念。社群文化本质上是一种文化，对内起到凝聚力作用，对外则可以用来宣传社群。在社群品牌化的过程中，培育社群文化是十分重要的，优质的社群文化对在线品牌社群和企业是一种无形资产。

8.1.1　建立共同认知

社群的形成是成员之间的某种共性起到了重要的作用，例如，相似的处世原则、生活态度或人生追求。入群理由是社群中建立了共同的认知与价值观。

在这种局面下，品牌社群管理者需要思考，如何将社群成员之间的共性转化为切实的群体认知，进而培育本品牌社群的专属文化。一个行之有效的办法是基于品牌文化和社群特质引导社群成员经常讨论各类相关的热点事件与话题，鼓励社群成员踊跃参与、积极发言，在思想互动与碰撞的过程中逐渐形成本品牌独特的社群文化。这些事件与话题本身应是具有吸引力的，能够引起社群成员的参与热情，而社群管理者则要根据品牌文化引导群成员，让社群成员对这些话题与事件形成自己的认知，并在社群中积极表达意见，最后将代表性的观点归纳总结形成社群的认知与观念。久而久之，社群中就会产生一种普遍的“集体性记忆”。在不断重复和强调中，社群中的群体认知会被强化，社群中的默契度会不断增加，最重要的是，社群成员对社群的认可度与依赖度也会增强。

8.1.2 创造专有内容

成功的社群具有很多共性，其中一个就是社群中有独特的语言与符号，这些语言与符号往往不是我们通常理解的意思，甚至一些语言与符号是社群的独创，只在社群内部共享。

MIUI的1000个荣誉内测成员被小米社群中的用户统称为“容祖儿”。再如当前被广大年轻人熟知的“666”，用来表示很棒的意思，这个用语最早出现在网络游戏《英雄联盟》的比赛过程中，因为玩家在游戏过程中需要保持专注，没太多的时间输入文字，因此就采用“6”来表达对其他玩家的赞赏。类似的用语还有“333”，表示“散散散”的意思，用来向队友表达撤退或分散开的意思。

在这种特定的社群背景下，基于社群内部交流的需要，社群成员之间很容易形成类似的专用语言与符号，而这些语言与符号是构成社群文化的一些元素，也是社群文化传播的一个具体表现。

因此，在社群品牌化的过程中，品牌方需要创造一些专有内容。这些内容的产生是社群集体的创意，而社群管理者需要筛选这些内容，选择出一些具有正能量的、积极的、易于传播且符合社群文化与品牌文化的内容进行广泛传播，以构建社群专属文化。

8.1.3 塑造开放文化

从某个角度来看，建立与强化品牌群体认知是为社群修筑了一道文化墙，使社群与其他品牌社群具有明显不同的文化理念。但不可否认，共同的文化不仅提高了新用户加入品牌社群的标准与门槛，而且还提高了社群运营的成本。

对于新加入社群的成员来说，想要在短时间内接受与认可社群集体认知和文化氛围，往往需要花费较多的时间和精力。因此，我们会发现在一些社群中经常会有这样的情况：已有成员们聊得热火朝天、津津乐道，而新成员却不知所云、一头雾水，一个普遍的结果就是新成员屏蔽社群消息最后退出社群。

因此，社群管理者在运营社群时要避免单一的文化认知，应当学会多元运营，打造的社群应具有多层次的文化与认知，从而给予社群中的成员更多的选择，而新成员也易于在入群后找到适合自己的话题，从而逐渐融入社群氛围，不至于被已经形成的单一的社群文化与认知所排斥。

8.2 品牌化的载体 1：打造“意见领袖”

“意见领袖”是团队中构成信息和影响的重要来源，并且是能左右多数人态度倾向的少数人，也许不一定是团队中的正式领袖，但“意见领袖”往往消息灵通、精通时事；或足智多谋，在某方面有出色的才干；或有一定的攻关能力而获得大家认可，从而成为公众的“意见领袖”。

“意见领袖”的概念被广泛应用于消费行为学中，特指那些为他人过滤、解释或提供信息的人，这类人由于持续关注度高而对某类产品或服务具备更多的知识和经验，因而对他人的消费行为具有重要的影响力。作为互联网世界中的营销场所，在线品牌社群同样需要存在“意见领袖”，他们在引导社群话题与影响社群成员消费决策时具有重要作用。

8.2.1 培育中层“意见领袖”

社群品牌化与产品营销过程中，“意见领袖”的角色必是不可少的，品牌创始人与社群管理者是天然的“意见领袖”，但受时间、精力等的限制，创始人和社群管理者不可能与用户保持实时的互动。因此，品牌创始人与社群管理者往往在品牌社群中充当顶层“意见领袖”的角色，而中层“意见领袖”则需要由他人承担。

在面对这样的局面时，很多在线品牌社群的做法是聘请专业的在线运营团队来担任中层“意见领袖”，但这种做法一方面提高了企业运营品牌社群的成本，另一方面外部团队融入社群也需要一个过程。除非他们已经对品牌有一定的使用经历或关注度，否则并不能完全理解品牌的理念，当然也不能深度融入品牌社群，始终是以一个旁观者的角度在管理社群。

可见，与其聘请专业的团队，不如在社群中寻找并培养“意见领袖”：一是降低了社群运营的成本；二是由于他本身也是社群的一员，而且是品牌的忠诚用户，因此能够全面融入社群，以一个参与者的角度参与社群管理。此外，社群内部的“意见领袖”可能更加容易得到社群消费者的支持与认可。

案例：知乎

知乎是中国知名的网络问答社群，连接着各行各业的用户。用户们分享彼此的知识、经验和见解，也为这一平台提供源源不断的信息。知乎更像一个规模庞大的论坛，用户实时讨论某一感兴趣的话题，同时也可以关注志同道合的人。

在知乎的社群运营中，随着社群规模的不断扩大，话题也更加丰富，进而产生游戏、电影、书籍、游戏等各大板块，在每一个大类下面，也分有诸多细分类话题，如书籍板块有“哲学”“经济学”“历史学”“文学”等细分类，而在每一个细分类中我们都会找到一个或多个“意见领袖”，他们在话题讨论中的发言通常具有一定的影响力与引领性，更能得到其他用户的认可。若“意见领袖”的评论与推荐能够引起用户读者的共鸣，就极有可能促成其他人的购买行为。

品牌方可从以下三个方面培育中层“意见领袖”。

1. 深度细分，面面俱到

中层“意见领袖”不具有唯一性，因此在培养中层“意见领袖”时，品牌方需要根据社群文化，细分社群主题与内容，如小米社群将自身划分为“酷玩帮”“摄影馆”“爆米花”等多个板块。

品牌方将大社群划分为小社群后，也需要按照小社群管理职能将“意见领袖”进行角色划分，如一号“意见领袖”负责互动、二号“意见领袖”负责内容推送等，如图 8-2 所示。

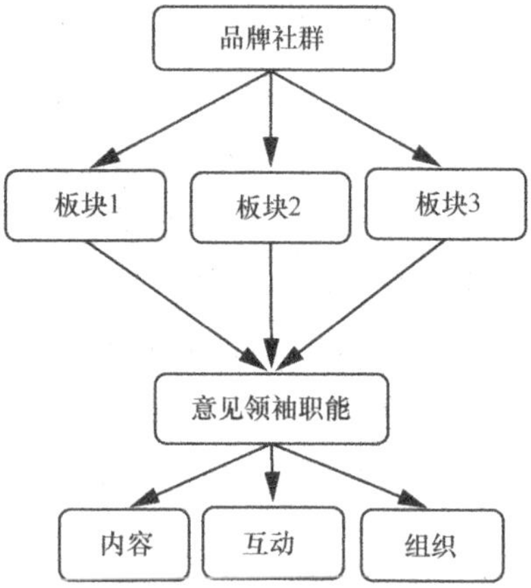

图 8-2　细化社群

2. 全力搜寻，求贤若渴

通过日常社群活动与话题讨论，一些有潜力成为“意见领袖”的成员会逐渐显现。在社群中发现一部分有影响力的成员不是很困难的事，社群管理者需要采用多种方式去搜寻，如在某一话题讨论中其思想与观点得到普遍认可与点赞的人往往可能就是一个隐藏的“意见领袖”，这部分人应当成为品牌方“意见领袖”的培养对象。此外，社群管理者需要向社群成员传达“求贤若渴”的信息，鼓励他们“毛遂自荐”，积极互动。

3. 精心培育，人尽其用

在发现有潜质成为“意见领袖”的社群成员后，由于各自不同的特质与生活阅历，他们也不能直接参与到社群的日常管理与运营，需要对他们进行培训。

培训过程中在培养其专业技能的同时，应当向他们灌输企业文化、品牌文化与社群文化以及社群管理的责任感，同时，应当设置激励机制，激发他们的管理热情，让他们不断强化自身“意见领袖”的身份影响力。此外，对具有不同特长的“意见领袖”，需要充分发挥其专长，做到人尽其用。

8.2.2 培育明星消费者

社群中的“意见领袖”可能有很多，但明星消费者一定是较少的，且明星消费者更多承担品牌与社群代言人的任务。那么如何区分“意见领袖”和明星消费者呢？一个简单的例子就足以说明。

遍观国内各大卫视，即使是火爆了多年的湖南卫视，社会大众对电视台领导信息也知之甚少，但是人们对湖南卫视的一些知名主持人一定不会陌生，我们不可否认湖南卫视台长“意见领袖”的地位，但人们为什么对他知之甚少，反而是对他领导的下属津津乐道，这得益于湖南卫视的明星化策略。在挑选出主持人后，湖南卫视会根据他们的个人特质为其量身定做匹配的电视节目，在这个过程中，湖南卫视培育出了“快乐大本营”“天天向上”等优质的综艺节目，将自身打造为国内最具影响力的地方卫视品牌，也成就了以何炅和汪涵为代表的一大批明星。

因此，运营在线品牌社群，除了培育“意见领袖”，也需要在“意见领袖”中间进一步培育明星用户，使他们成为品牌与品牌社群的代言人。那么，如何培育明星消费者呢？可以从以下 3 个方面着手。

1. 用社群文化熏陶

品牌方在培育社群“意见领袖”时已经对他们灌输了社群文化，但在他们成为明星消费者之前，还需要进一步得到文化熏陶：用品牌文化、社群文化包装他们。只有如此，明星化消费者才能推动社群的品牌化，正如湖南卫视主打的年轻化战略，离不开每位明星主持人的年轻化文化展示。

具体而言，在培育明星化消费者的过程中，应当对他们进行专业的训练，根据品牌文化、社群文化对他们开展具有针对性的系统全面的训练。品牌方不仅仅要在线上训练，还需要在线下与他们面对面接触，甚至设计一套科学的培训课程，组织线下培训班。

2. 以个人魅力吸引人员加入

每个人都有自己的个人魅力与个人特质，任何成功都离不开对内在魅力与特质的发掘。在培育明星消费者时，需要根据其个人特色发挥其所长。

谢娜在最初进入湖南卫视时，其主持风格温婉、内敛，后来，湖南卫视根据谢娜本人的特色，将其定义为“快乐”的化身，塑造了诸如“马栏山坡姐”“火锅美女”“谢依晨”等形象，从而一炮走红，成为国内一线主持人，正是这种依据个人魅力与特色的量身定做，才促成了湖南卫视和谢娜本人的双赢。

3. 依靠社群活动宣传

明星化消费者的培育，离不开各类活动的推广。娱乐明星们经常参加综艺节目、演出活动增加出镜率，品牌社群在培育明星化消费者时，同样需要让他们参与丰富的社群活动，一方面可以增加他们的存在感与影响力，另一方面也可以通过参与社群活动检验他们能否成为合格的明星化消费者。

具体而言，在社群组织的各类线上、线下的活动中，要让明星化消费者尽量“露脸”，甚至让他们担任主持人、嘉宾等有分量的角色，借助社群活动不断积累他们的人气，再依靠他们宣传品牌与品牌社群。

此外，品牌方需要通过各类平台评估明星化消费者的效益，并征集各方的意见，不断完善并增强明星化消费者的作用。

8.3 品牌化的载体 2：培养忠诚用户

营销领域有一条重要的定律，被称为“二八定律”，内容是说一个营销者的成功很大程度上是由他的客户里面的 20% 的人所促成的，而其余 80% 的客户虽然人数上居多，但是并不十分重要，这 20% 的人往往是该营销者的老客户。“二八定律”可以从侧面解答为什么有些企业在各类媒介投放了大量的广告却收效甚微，也许是因为那些广告对那 80% 的人来说基本是没有任何作用的。此外，“二八定律”也反映出忠诚消费者对企业与品牌的重要性，这也是企业在线品牌社群运营的一个重要目标。

对于社群品牌化而言，“二八定律”同样值得借鉴：1000 个人知道不如 100 个人热爱，只有 100 个人热爱，最终知道的人不止 1000 个，小米的“100 个梦想的赞助商”就是一个生动的案例。因此，社群品牌化的另一个有效途径是获取尽可能多的忠诚消费者。

8.3.1 获取忠诚用户

社群营销成功的关键在于让消费者加入社群，并把他们培养成品牌与社群的忠诚用户。因此，在社群品牌化的过程中，运营者应将使消费者对社群产品依赖与忠诚作为一大目标，只有做好这一步，才能为成功的社群营销奠定基础。

1. 优质体验

想让消费者依赖并忠诚社群，社群首先应以优质的参与体验满足消费者的需求，否则消费者很难对社群产生满意度。

“罗辑思维”之所以取得巨大的成功，关键在于其以优质的社群内容吸引着用户，满足了用户对知识的需求；小米在建立后短短几年时间内成长为国内知名的企业，小米在线品牌社群也占据着社群经济的制高点，与其产品的高性价比密不可分。可见，社群之所以能取得成功，根本原因是由于企业向消费者提供了优质的产品或服务。同样，社群品牌化的过程中，想要获得用户的喜爱与忠诚，优质的产品、服务与内容也是必不可少的。

2. 价值契合

除了产品和服务，社群与消费者还需要保持相似或相同的价值观，价值观趋同，消费者才会真心认可。

案例：“罗胖60秒”

“罗辑思维”推出的“罗胖 60 秒”已经陪伴了用户 2500 多天，罗振宇每天早晨都会向用户推送时长 60 秒的一段话，或是对生活小事的感悟，或是向用户推荐一本好书，或是向用户发表针对某一事件的观点。作为“罗胖 60 秒”的忠实用户，每天收听这 60 秒的时间对忠实听众来说就是一种享受。此外，“罗胖 60 秒”开通了在线评论功能，每天的推送内容都会得到用户大量的评论，往往会形成一个话题讨论，用户们纷纷发表自己的观点与看法，以获得社群认同。

3. 交流平台

在线交流是在线品牌社群的重要功能与价值，消费者与消费者之间，消费者与品牌之间，都需要交流。尤其是消费者之间更需要交流，因为在线品牌社群的“初心”就是营销产品。

一方面，消费者在消费产品或享受服务后，需要一个表达自我感受的场所；另一方面，企业也需要获得消费者消费产品与服务的反馈，而在线品牌社群就为实现消费者与企业的需求提供了便捷的渠道，这种基于在线品牌社群的双向交流使企业在消费者的评价中发现产品与服务的优点与缺点，以进一步提高满足市场需求的能力，消费者则在交流的过程中感受到了企业对自我的重视从而获得高质量的消费体验。

总而言之，企业通过在线品牌社群重视消费者的反馈，消费者自然而然会对企业产生认同感，进而表现出忠诚，甚至做企业的义务宣传者与推销者，用户的良好口碑比企业自己做宣传的效果要好很多。

8.3.2 培育忠诚用户

通过有效运营获得消费者的忠诚后，消费者会主动宣传品牌与社群，从而实现企业的目标。这时，企业需要做的就是通过一些方式进一步增强消费者的忠诚及宣传力度，即培育用户忠诚。

1. 创意活动

有创意的活动是保持与提高社群参与度和活跃度的有效途径。创意往往会成为消费者发朋友圈的关键动机，企业应当给消费者充分的理由去向他人展示自己所在的品牌社群的新颖活动，如“新品内测”“集体郊游”等，这些活动会极大地增强用户的“圈内人”意识，使用户感知到作为社群成员的与众不同，因此他们也会主动在朋友圈分享。

2. 鼓励宣传

忠诚的消费者会成为企业的义务宣传者，但企业若能通过物质奖励等方式鼓励消费者的宣传行为，社群中的消费者一定会备受鼓舞，且会吸引更多的消费者成为企业与品牌的忠诚者。

鼓励的方式有很多种，如发放购买产品的折扣券、成为新品内测者、参与企业内部活动等。不一定非得是物质奖励，精神奖励同样可取，因为按照马斯洛需要层次理论，人们的需求是有差异化的，对于消费者而言，给予他们社群荣誉或称号也是非常有效的鼓励方式。

综上所述，社群忠诚就是要让消费者喜欢上社群与品牌，并融入社群。企业运营社群的方式与行为应当以此为一个重要目标，而当消费者成为忠诚消费者后，开展一些培育忠诚的活动会进一步增强他们的忠诚度，进一步提高其义务宣传社群与品牌的力度。

8.4 品牌化的表现形式：设计社群 Logo

8.4.1 定义简洁的社群 Logo

Logo在社会生活中具有文化和信息传播的作用，优秀的Logo设计能够使人们过目不忘，深入人心。正如品牌有自己的Logo一样，在线品牌社群品牌化的过程中也需要设计自身专有的Logo，从而做到有别于他群并将社群Logo作为社群的标志或者开展线下活动时的标识。

很多在线品牌社群选择将企业或品牌的Logo作为社群的Logo，这也是可行的，但是品牌Logo与社群Logo的设计目的不同，采用一样的Logo可能不能突出品牌社群的特征，不能使用户加深对社群的印象。因此，企业应当设计一个全新的社群Logo以突出品牌社群的独特性。在设计社群Logo的过程中，这些形象展示也同样需要品牌方的关注。

1. 关联品牌Logo

社群负责人直接采用品牌Logo无法展示品牌社群的特征，也无法突出社群的文化与内涵，但是社群Logo也不能完全脱离品牌Logo，因为运营社群最终是服务于品牌推广与产品营销的，所以社群Logo与品牌Logo完全不相关也会存在问题。社群Logo可以以品牌Logo为基础进行改造，使其在增进社群品牌化的同时，也和品牌本身产生关联，并最终服务于塑造与宣传品牌。“萌”化品牌Logo是社群Logo的一个设计方式，小米社群的Logo如图 8-3 所示。

图 8-3　小米社群的 Logo

2. 融入社交元素

在线品牌社群是消费者人群的集合，因此社群Logo应当融入社交、亲和、亲切等元素，增强社群的人文性与聚合性。

3. 简洁易懂

社群Logo是社群品牌化的第一步，Logo需要被广大社群成员理解与认可，同时，在对外宣传的过程中，Logo也需要被社群以外的人所知晓，以吸引和聚集更多志同道合的人。因此，社群Logo在设计时需要做到简洁易懂、活泼大方，使受众群体看到的第一眼就能感受到其内涵并被吸引。

8.4.2　为消费者备注独特的标签

成功的社群Logo能够提高社群的辨识度，增强消费者的身份认同感，促进社群的品牌化进程。设计社群Logo的同时，为加快社群的品牌化，也可以给社群内的消费者设计Logo，以区分品牌社群中的消费者和群外的一般消费者，使群内消费者获得不同的身份价值，增强其社群参与黏性。社群负责人应给予社群中的消费者特殊的标签与待遇，使他们感受到自己的社群身份，提高他们的社群认同感，最终使他们将品牌社群推荐给身边的人。Logo定制常用的方式包括以下内容。

1. 产品定制

一个十分有效的为消费者贴标签的方式是产品定制，即为社群设计一款专属产品，并只在社群中销售。可行的一个选择是为社群核心产品设计专属饰品，这样的产品设计与生产成本合理而且与社群契合度较高，如一个以手机为核心产品的社群可以为社群用户定制保护壳，简单又实用。更重要的是这种形式能够极大地提高消费者对自身社群身份的识别与认同，更容易将自身看作社群中的一员，也更容易对品牌产生认同感。

2. 价格定制

与产品定制相比，价格定制更可以简单、有效地降低成本，且能为社群消费者带来极大的物质优惠。企业可以推出社群专属价格，让有资格购买的社群消费者以更加优惠的价格购买到产品。需要说明的是，价格定制的方法可能不适合一些高端产品，因为这些产品的价格弹性较小。价值定制的方式本质上是提高在线品牌社群的财务价值，使社群中的消费者获得切实的经济利益。

3. 打造情怀

情怀是一种心境、情趣和胸怀，以人的情感为基础与所发生的情绪相对应。情怀营销是以企业或企业创始人为主体，以“理想”为标榜，以“故事”为背景，宣扬情怀为主，介绍产品为辅进行的营销。

国内打造情怀的成功案例一定包括“锤子科技”创始人罗永浩与他的“坚果”手机。从新东方走向大众的罗永浩凭借自身的经历吸引了众多人的关注，很多人因为对罗永浩的喜爱与支持而去购买锤子手机。打造情怀需要有和品牌密切关联的故事与经历，且能够触动消费者的内心。社群情怀不仅能够提高产品的附加值，更能够使社群具备天然的隔离带以和其他群区分，吸引更多消费者加入并沉淀，最终成为品牌的坚定忠诚者。

8.4.3 打造独特格调

品牌社群如果为消费者增加自身荣誉感，消费者就会更加认可社群，并乐意成为社群的宣传者，将社群推荐给其他人。其实，这是一个让消费者获得身份与情感认同的过程。例如苹果手机，基于自身“高端”形象，即使“果粉”并没有得到苹果公司的价格定制等照顾，他们也乐于向他人推荐苹果社群，因为使用苹果的产品超越了大部分人的消费能力，这对消费者来说是一种身份的象征，会让他们产生自豪感。

1. 格调化

在社群经济领域有一句广为流传的名言：“有人格，还要有格调，这是社群经济时代的最高追求。”格调就是风格，通俗讲就是与众不同的特质。社群品牌化的过程中也可以被认为是使社群具有自我格调的过程，持续塑造与培养社群的格调，让消费者乐于将社群的格调对外宣传，是社群品牌化一个重要过程。

案例：正和岛——中国商界的高端互动平台

正和岛于2012年正式上线，是中国商界的一个高端深度社交平台。正和岛是一个企业家人群专属、线上线下交互，为成员提供缔结信任、个人成长及商业机会的创新服务平台。为筛选成员，正和岛采取严格的实名制、会员制、收费制和邀请制等相结合的入群标准。“高品质”“好邻居”等是正和岛的格调，正和岛以此来筛选会员，会员们也以此产生身份认同，为自己是正和岛的会员而自豪。

2. 个性化

在小众化和个性化消费背景下，具备格调的同时也要有个性化。不难发现，即使是苹果也逐渐成为消费者普遍的选择，这时对于手机市场而言，拥有格调与个性的产品往往会成为市场中的“黑马”。这对社群品牌化来说，也是需要思考的，组建社群的成本在逐渐降低，这对社群运营便提出了挑战，如何从千篇一律的社群中脱颖而出是社群管理者面临的一个难题，打造个性化是一条可选择的道路。

打造个性化并不需要将整个社群变得特立独行，只有一个亮点也足以使人眼前一亮，或是互动方式、或是活动形式、或是管理模式等，只要使消费者感觉到有格调且不落俗，消费者就会认可社群。

参考文献

[1] 蒋丹，张林荣，蒋仕益. 品牌价值对公司价值影响研究[J]. 价格理论与实践，2019(11)：117-120.

[2] 鞠春彦，杨轩. 核心粉丝是如何炼成的——基于文化资本视角下的粉丝社群研究[J]. 中国青年研究，2019(7)：84-90.

[3] 雷大章. 社群文化、延伸自我与品牌资产建设[J]. 中国市场，2020(3)：11-13.

[4] 戴昇. 作为“他者”的商业社群——徽州社会与犹太社会另类现象的共性探究[J]. 长江论坛，2018(2)：79-85.

[5] 魏烨. NBA球迷虚拟社群成员在网易NBA数据直播系统中的互动符号研究[J]. 体育研究与教育，2018，33(6)：32-36.
[6] 张艺炜，邓三鸿，王昊，等. 基于系统动力学的社交网络环境下消费者“意见领袖”影响力建模与仿真[J]. 图书与情报，2018(6)：63-71.
[7] 王延隆. 网络“意见领袖”的识别分析、产生逻辑及其应用[J]. 河南工业大学学报(社会科学版)，2019，15(4)：76-83.
[8] 刘艳. 基于主成分分析和聚类分析的明星用户微博营销分析[J]. 中国商论，2018(5)：63-66.
[9] 李曜嫄. 互联网时代知识社群经济商业模式研究——以“罗辑思维”为例[J]. 经营与管理，2019(3)：49-56.
[10] Linlin Liu, Renjing Liu, Matthew Lee, Jiawen Chen. When will consumers be ready? A psychological perspective on consumer engagement in social media brand communities [J]. Internet Research, 2019, 29(4): 86-88.
[11] 陈慧，杨宁. 社会网络视角下在线品牌社群价值共创机制研究——客户契合的中介作用[J]. 中国流通经济，2019，33(9)：103-113.
[12] 熊国钺，沈菁. 交易型虚拟社区用户持续信任影响机制研究——网络口碑特性和虚拟社区感知的作用[J]. 经济与管理，2019，33(5)：61-67.
[13] Jeongsoo Han, Mina Jun, Miyea Kim. Impact of online community engagement on community loyalty and social well-being [J]. Social Behavior and Personality, 2019, 47(1): 1-8.
[14] 赵洁琼. 传统文化元素在现代Logo中的体现——以“牡丹饼”品牌为例[J]. 中国民族博览，2017(1)：185-186.
[15] 王菲，张思. 基于身份认同理论的在线品牌社群聚合机制与商业价值实现路径分析[J]. 新闻春秋，2019(2)：54-60.
[16] 金立印. 虚拟品牌社群的价值维度对成员社群意识、忠诚度及行为倾向的影响[J]. 管理科学，2007(2)：36-45.
[17] 罗立群，严谨，陈丽梅. 情怀营销视角下城市老建筑品牌塑造与传播路径研究——以福州仓山老洋房为例[J]. 淮海工学院学报（人文社会科学版），2018，16(10)：94-98.
[18] 吴静，王红艺，张惠琴. 授权赋能视角下从圈子到虚拟品牌社群的演变——基于肆拾玖坊的案例研究[J]. 中国人力资源开发，2019，36(3)：20-36.
[19] 宋晓兵，段采薇，王迪. 自豪情绪对消费者地位消费的影响研究——基于文化资本和经济资本的中介作用[J]. 消费经济，2017，33(6)：48-55.

第9章 在线品牌社群红利

案例：罗永浩的“直播带货”

2020 年的 4 月 1 日，锤子科技的创始人罗永浩转战直播行业，从事“直播带货”的业务。3 小时的直播中，推广了 22 款产品，有 4800 万人观看了直播，带来了 1.1 亿元的销售收入。最后，在推广剃须刀的时候，罗永浩用推广的产品把代表个人形象的胡须剃了。罗永浩“直播带货”的这件事直接成了热点事件，各家自媒体又足足报道了一周时间，说明罗永浩还是能够带来话题、流量和销售额的网络红人。

抛开罗永浩辉煌的销售业绩不谈，罗永浩“直播带货”其实就体现了我们本章要关注的话题，如何通过社群为企业创造价值？企业有多少种方式来收割在线品牌社群的红利呢？

经过系统全面地构建、运营及品牌化后，在线品牌社群基本上具备了发展社群经济的条件，企业就可以利用其变现，以实现商业效益，这也是在线品牌社群存在的价值与意义。我们通过对各类在线品牌社群的梳理与总结，发现当前在线品牌社群的变现模式与渠道主要有以下类别。

9.1 通过营销获取价值

营销变现的本质是企业把在线品牌社群看作投放广告的渠道，然后开展零售。但只有在细分社群，或痛点集中的社群可以采取这种变现模式，这类社群中的成员就是因为喜好一致才聚集，如喜欢瑜伽、插花、读书等，小米社群是这类社群的代表。在线品牌社群是一种依托互联网发展的一种社交化营销媒体，近年来，社群媒体的原生广告发展的欣欣向荣，受到很多企业的青睐，社交媒体+原生广告的模式也被认为是“下一个百亿元级市场”。社交媒体的原生广告之所以具有无穷的力量，关键在于它打破了多年以来单向广告宣传的模式，将消费者纳入广告宣传的体系，实现了企业与消费者间的双向互动，从而使消费者能够更加真切地感受到产品的理念与价值。

构建在线品牌社群的其中一个重要原因也是看到了“社交媒体+原生广告”模式的内在价值，因此，广告是在线品牌社群中必不可少的内容。但是，任何广告都应该与所投放的媒体形式相匹配，否则投放再多的广告，也是石沉大海、徒劳无功。在线品牌社群作为一种新的营销平台，投放传统的硬广告的方式是一定行不通的，往往会被社群成员当作垃圾信息过滤掉，甚至引起社群成员的反感，出现退群现象。

在线品牌社群本身是一个企业与消费者、消费者与消费者之间互动的场所，互动与交流是其原生功能，而且社群中的成员往往是该品牌的消费者，因此企业投放的广告只有基于良好的社群互动和精确的需求匹配的基础上才会产生效果。娱乐性与可信性是社交媒体广告需要格外关注的特质，二者能够正向影响消费者对广告与品牌的态度，而积极正向的广告态度与品牌态度对消费者的购买意愿具有促进作用。在这种理念下，社群运营者需要将营销广告内化为社群内容与社群活动，同时增加广告的趣味性：一是让社群成员认为这也是社群的一部分，使他们对广告产生信任；二是使他们从广告中获得乐趣，只有这样他们才会乐意接受广告内容，也会更加容易促成他们的购买行为。

社群运营者为社群成员提供高附加值的服务也是一种营销变现的方式。社群成员在购买产品时与普通用户不存在明显差异，但是在优先购买和售后服务方面让社群成员享受优惠待遇。

案例：小米“F码”营销

饥饿营销是小米采用的一种重要的营销活动。在正式上市之前，想要购买小米手机的客户需要预订才能获得购买资格。2011 年 8 月，小米在小米手机预定量达到 30 万部时，立刻宣布停止预订活动。与此同时，小米官方通过各种在线渠道大规模举办宣传与推广活动，而获得的礼品就是小米粉丝熟知的“F码”（F意为“Friend”）。拥有“F码”意味着拥有者可以无须等待直接利用“F码”购买小米手机，享受绝对的优先权。由于已经预售了 30 万部手机，对于那些排名靠后或没有参加预订活动的有意购买者而言，只有获得“F码”才能获得购买小米手机的机会。最后的结果显而易见，由于极具稀缺性，“F码”的价值被消费者炒作，甚至有大量消费者选择花钱购买“F码”。

小米的这种营销策略在国内是史无前例的，是在线社群营销变现的典范。通过类似的一系列活动的宣传，极大提升了小米的品牌价值，一跃成为国内手机市场的领先者。从某种角度来看，小米“F码”活动所起到的作用远远大于手机销售所带来的利润。

9.2 采用微商模式变现

开始于 2013 年前后的微商得益于移动互联网技术的发展，以及社会所倡导的“大众创业，万众创新”的理念。据央视新闻报道，2014 年我国微商从业人数达 1000 万，市场整体规模约为 1000 亿元；而到了 2019 年，我国微商从业人数达 5000 万，市场整体规模近万亿元。当前国内微商处于发展最旺盛的时期。微盟研究院将微商划分为平台微商、个人微商、社群微商和品牌微商四种主要形态。其中，社群微商是指以人群特质和喜好为切入点，把价值观一致、职业身份等有共通性的群体聚合到一起的微商，而品牌微商则是将这群人的共通性聚焦到了某一品牌。可见，在线品牌社群恰恰是社群微商与品牌微商的结合体。在线品牌社群的微商模式以社群中的消费者为圆心，依托社交网络进行半径裂变式的分销，使得营销信息快速传播。

社群经济的大旗最早由“罗辑思维”于2012年打起，社群卖书、霸王餐等活动使“罗辑思维”爆点不断，成为一个时期的经济焦点。2014年，吴晓波频道横空出世，继续书写着社群经济的篇章，吴晓波频道将“人格魅力”的商业价值无限开发。美好的店、吴酒等品牌都是人们津津乐道的话题，延续着吴晓波频道的社群情怀与商业价值。社群经济发展至今，各行各业都开始将“社群电商”看作是下一个“风口”，诸如“辣妈帮”“青山老农”等纷纷进入大众的视野。短短六七年，社群与微商之间已经建立起了不可分割的关系，二者的融合可能是下一个经济发展的爆点。有人认为，社群是微商的一种营销场所，也有人认为微商是社群的一种经济模式，也许这都不重要，重要的是二者的结合为企业的发展打开了一扇全新的窗户。

美国社会学家兰德尔·柯林斯（Randall Collins）提出的互动仪式链理论可以很好地解释社群微商的繁荣发展过程。柯林斯认为，当互动仪式的各组成要素相互作用、有效综合时，社会网络中的个体会产生一系列感受，并产生这些结果：获得成员身份感和建立群体内部团结感；获得成员情感能量；产生具有代表性的群体符号；成员会积极维护群体的集体正义感。因此，无论是普通的社群，还是在线品牌社群，一旦内部形成了互动仪式，社群内的成员在某一方面就会产生高度的一致性，比如对某一品牌的态度与行为，对自己喜爱球队的支持与忠诚等，这也是为什么我们在生活中经常看到或听到一个足球队粉丝与另一个足球队粉丝发生激烈冲突的原因。

案例：“青山老农”——打造品质生活

2013年年底，经过4年多的蛰伏与探索，80后潮汕“姿娘”邱晓茹和她的核心团队推出了自己一手打造的电商品牌“青山老农”，成为国内“社群电商”的代表。“青山老农”以都市知识女性为目标客户，提倡“植物素生活”这种自然、平衡的品质生活方式。

2015年，“青山老农”正式上线了微信订阅号“我的花草生活”和服务号

“青山老农”，打出了“植物素生活”的品牌理念。通过这种宣传与推广，仅仅一年时间“青山老农”就积累了近百万都市知识女性粉丝，更是从中发展了超过 15 万名注册会员。

目前，“青山老农”围绕都市知识女性日常生活所需的“饮食、护肤、营养、居家”四大内容，打造了近 200 款质优价实的产品。不同于传统的企业、电商与微商等，“青山老农”投资近千万元建立了“自建自有”的社群平台电商模式，目的就是为了越过传统的中间渠道，降低推广成本，让终端客户能够直接与“青山老农”进行互动沟通，从而使客户切实体验到“品质生活，本不需要那么贵”的品牌口号。“青山老农”之所以取得成功看似是由于产品质量与营销渠道的领先，实则是由于消费者对“青山老农”品牌理念的认同，他们基于共同的生活理念聚集在“青山老农”这一品牌之下，自己消费产品的同时也会将其推荐给身边具有同样生活理念的人群。

9.3 设计会员模式收费

收取会员费应该是社群经济变现最简单、直接的模式了。所谓会员费，就是指用户在加入社群之前需要向社群组织缴纳一定额度的费用，才能正式成为社群的一员，参与社群活动并享受社群服务。一方面，企业在运营社群过程中会产生不同的费用，给社群成员需要投入更多的资本，因此选择向有意入社群的用户收取费用也是无可厚非的；另一方面，消费者认为被收取会员费后会对品牌产生更高的依赖。因为对很多人来说，容易得到的东西，反而不会珍惜；只有投入了时间、精力和金钱，才会难以放弃。

可见，收取会员费可能并不是大多数社群运营者的主要目的，即社群运营者并非把会员收费当做社群变现的主要模式，也许收取会员费只是用户入社群的一个门槛而已。品牌社群往往是集合一些有着共同目标和价值观的人群，因此通过一些手段对社群成员进行筛选会保证社群的向心力与凝聚力，利于社群的进一步运营与发展。正如罗振宇关于“罗辑思维”会员费的说法：

“爱，就供养；不爱，就观望。”会员费就是检验用户“爱”与“不爱”的一个有效方式，而愿意付会员费的消费者，更值得企业珍惜。

成功的会员收费制从理论角度来讲是企业根据实践数据精心设计的，一定不是盲目地实行，会员收费是为了抢占消费者的心智，与之建立更加紧密的连接关系，进而为忠诚的消费者提供更加极致的消费体验。这也是为什么有些企业的会员收费制大获成功，而有些企业的会员收费制则惨淡收场，用一个词语——“初心”总结。成功的会员收费制大都具有这样的共性：企业在与消费者建立进一步的连接后，利用互联网和大数据的技术优势，根据对消费者的深层次了解进而掌握他们的习惯、偏好，然后去优化产品和服务，更好地满足消费者的需求。这是一个良性的闭环发展系统。

案例：樊登读书会——读书点亮生活

樊登读书会是目前国内最大的付费阅读在线群体，由央视主持人、MBA资深讲师樊登博士于2013年发起成立，旨在运用微信、微博等社交媒体的优势，同时结合线下读书分享活动，帮助用户利用40～50分钟的时间快速理解一本书的精华内容，从而达到快速学习和快速成长的目的。

目前，樊登读书会在全球拥有1700多个分会，且已在中国境内成立20余个省级分会、200多个市级分会、800多个县级分会以及47家海外分会。2018年“双11”，樊登读书会取得了72小时销售额突破两亿元的业绩。总而言之，樊登读书会成为了分享经济时代内容创业的一道亮丽的风景线。在谈到樊登读书会的成功时，其创始人樊登给出了两个关键点。

一是樊登读书会准确掌握了用户的痛点，即绝大多数人需要学习和读书，但是没有时间读或者没有能力读出精华、读出味道，这种需求的满足是迫切的。同时，樊登读书会主张，读书本质上可以帮助人们解决现实生活中的难题，如怎样与他人相处、如何成就一番事业等。

二是樊登读书会坚持会员收费。从第一个用户开始，樊登读书会就坚持每年收取365元的会员费。樊登读书会之所以能够做到让用户愿意付费，是因为他们做到了两点：第一，产品足够好；第二，线下有人口碑宣传。让每一位会员愿意向他人推荐樊登读书会，就会使会员数量呈现一个几何级数的增长。曾经有这样一个例子，某著名产业基金的董事长成为樊登读书会的会员后主动在其朋友圈推荐樊登读书会，竟然为樊登读书会新增了 200 多位新会员，这是传统推广模式所不能比拟的。当然，这个现象的背后一定是樊登读书会优质的产品与服务在做强力的支持。

9.4 实施直播模式带货

作为移动互联网快速发展的产物，网络直播是 2016 年以来持续火热的一个新事物，诞生了众多有代表性的在线直播平台。不难看出，随着市场的不断规范与行业竞争的日趋激烈，直播平台也由早期拓荒式的成长时期进入重运营和稳留存的时代，各大直播平台也在进行着新的商业模式探索。

网络直播是一种人群聚合的表现，也是互联网发展背景下的新社群，我们可以称之为“直播社群”。在直播社群中，人们通过互动，获得与他人平等共享、相互合作的快乐，以及在此之中建立新的互动、新的角色、新的认知、新的赞同、新的风格和新的社群。直播社群以最轻松的姿态、最松散的结构形成了一种只属于直播社群的存在模式，这是一种主权和话语、思想和行动、自我和他人、理智与情感、融入与传播等高度匹配的生活形式，也是关注点在传统社群和网络社群之间的切换和转移，这似乎都说明了我们已经进入了一个“直播时代”。

当然，除了社会意义，当前被人们更熟知的是直播社群的商业价值。网络在线直播可谓遍地开花，如火如荼，在丰富人们生活与便捷人们购买的同时，也深刻影响着企业的营销模式。下面我们总结了网络直播两种主要的盈利模式。

1. 打赏模式

观众付费充值买礼物送给主播，直播平台将礼物转化为虚拟货币，主播通过虚拟货币提现，直播平台抽成。若主播隶属于某个公司，则这个公司与直播平台结算，主播获取的是工资和部分提成。这种模式是目前最普遍的主播和直播平台盈利模式，如图 9-1 所示。

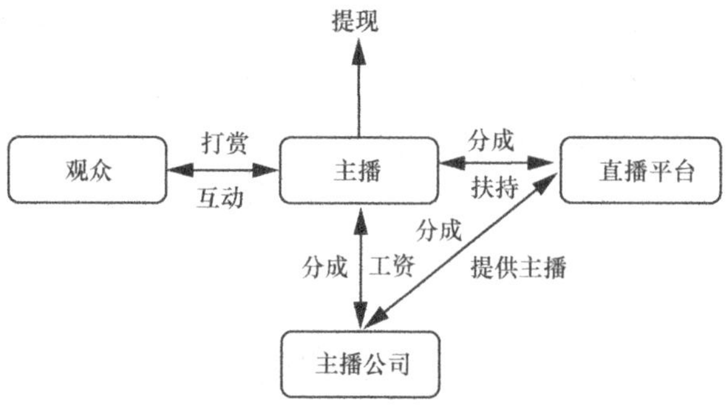

图 9-1　打赏模式

2. 导购广告模式

电商或主播利用直播平台在线推广营销产品，用户看直播时直接挑选购买产品，收益由直播平台、电商与主播分成，如图 9-2 所示。

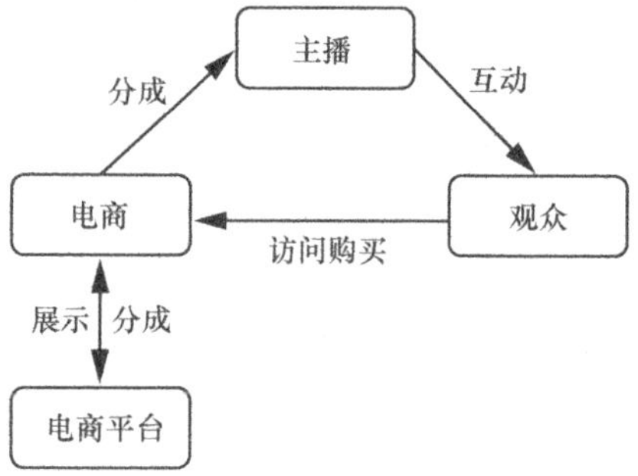

图 9-2　导购广告模式

案例：掌门直播

掌门直播上线于 2015 年，截至 2018 年，掌门直播是国内社群直播业的佼佼者。掌门直播以社群为基础，以直播为工具，打造了全新的连接方式，构建了直播+社群的商业生态。掌门直播上线后，将自身定位于价值直播、商业直播、社群直播和知识共享的平台，严格的实名认证制使用户在直播时做到了对自己发布的内容负责，提升了直播内容的质量。掌门直播为用户提供了两大应用服务。

一是家庭直播号。家庭直播号是“数字家庭”的积极实践，具备信息、通信、娱乐和生活四大功能，计算机、电视、手机三屏合一，内容共享。用户可以通过直播与不在身边的家人实现亲情沟通与连接，感受家的温暖，还可以通过群聊互动、家庭动态与家人实现多种方式的互动，这些方式使网络直播变得更加有温度。此外，直播结束后，平台会自动生成直播视频，记录下属于家庭的每一个瞬间。

二是商业直播号。企业使用掌门直播可以创建自己的社群直播号，上限为 10 万人。企业可以在直播社群中构建自己的微网站、微媒体，介绍公司的信息并发布公司的最新资讯，还可以构建自己的微商城，实现产品销售和便捷支付。

9.5 利用众筹模式募资

众筹即为大众筹资或群众筹资，由发起人、跟投人、平台构成。众筹具有低门槛、多样性、依靠大众力量、注重创意等特质。现代众筹是指发起人利用互联网发布筹款项目并募集资金，与传统的融资方式相比，众筹更开放，只要是被网友们关注与喜爱的项目，都可通过众筹的方式获得资助。因此，众筹为小企业、艺术家或个人向大众展示创意及获得关注与资金支持提供了更多的可能与发展空间。

在众筹平台进行的众筹，如众筹之家、京东众筹等，均为陌生人众筹，社群众筹不是陌生人众筹，项目发起人与投资者可能是同一社群中的人，从这个角度来看，社群众筹是一种“关系众筹”。一个成功的社群众筹具有三个核心步骤，如图 9-3 所示。

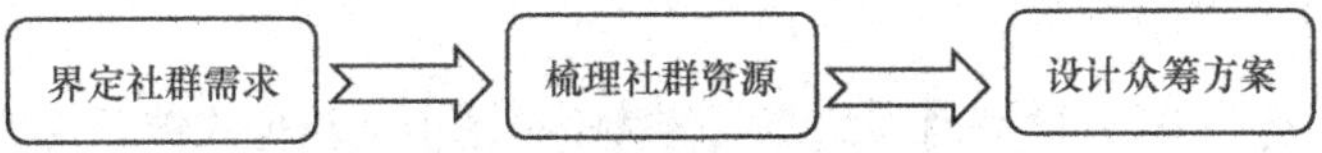

图 9-3　社群众筹的核心步骤

① 界定社群需求。好的项目一定是触碰到了用户的痛点或满足了用户的

需求。因此，不能帮助用户解决痛点、没有满足用户的需求的项目往往是不成熟的项目。不同的社群有不同的需求，要想通过社群众筹获得项目资金，首先需要收集和界定社群的需求。作为社群的成员，通过与社群其他成员的沟通交流去获取社群中的具体需求，并依据需求的强度排序。

② 梳理社群资源。找到社群需求后就要梳理社群资源，包括行业资源、人力资源和资金资源。一个社群的需求可能有很多，而最迫切、最重要的需求往往会获得社群中各类资源的资助。

③ 设计众筹方案。拟定项目策划，匹配需求和资源后，发起者最后需要的是一个优质的项目策划，也就是众筹项目。众筹不仅仅是融资的一种方式，有时也是项目市场宣传的途径。

案例：罗振宇用社群众筹改变了媒体形态！

2013 年最瞩目的自媒体事件之一是“罗辑思维”发布了两次“史上最无理”的付费会员制：普通会员，会员费 200 元；铁杆会员，会员费 1200 元。购买会员资质不保证任何权益，罗振宇却筹集到了近千万元会员费。这个事件印证了罗振宇所谓的“爱就供养，不爱就观望”的说法，人们愿意众筹养活一个自己喜欢的自媒体节目。这件事似乎也反映出社群在众筹和内容生产方面的潜力。

参考文献

[1] 全贞花，李金芳. 社交媒体原生广告效果研究[J]. 传媒观察，2020(3)：45-53.

[2] 茹莉. 微商商业模式解析及其规范化发展[J]. 河南社会科学，2018，26(10)：117-120.

[3] 石磊，黄婷婷. 社群微商与病毒式传播——基于互动仪式链理论的解析[J]. 新闻战线，2019(3)：60-62.

[4] [美]兰德尔·柯林斯. 互动仪式链[M]. 北京：商务印书馆，2012.

[5] 晏辉，叶成林. 新媒介监管下的网络直播平台传播生态研究[J]. 新媒体研究，

2019，5(17)：67-69.
[6] 欧彦伶. 另一种结群：网络直播中青年社群的聚合现象[J]. 天府新论，2018(6)：145-152.
[7] 黄漫宇，云琪，彭虎锋，窦雪萌. 基于主题挖掘的超额募资农产品众筹项目文本特征研究——以众筹网为例[J]. 数据分析与知识发现，2019(9)：124-131.

第10章 在线品牌社群实践

互联网的发展，使人们获得信息的方式越来越多，有着共同喜好与价值观的人有机会聚在一起形成社群。这种基于时间、空间、兴趣和内容等的重新聚合，形成了新的共同需求，产生了规模效应，重聚了社会价值。

人们在社群中重构彼此的关系，而企业的生存机会恰恰在于参与并组织社群的构建，从中重构用户关系，让交易在关系中顺其自然地完成。这样的关联，着眼于构建、深化企业与用户两个主体之间的关系，而不是传统营销理念下过多关注产品的买卖关系。

因此，未来商业边界的核心是基于产品社群的，每个行业中的商业创新都源于挖掘同质性消费群体的痛点，以及在此基础上构建的产品与服务要素的重新组合。我们梳理了当前国内最成功的两个在线品牌社群：小米在线品牌社群与罗辑思维社群，意在使读者对在线品牌社群有更加深刻的认知。

10.1 小米：没有社群的公司没有未来

小米公司的创始人雷军毕业于武汉大学，毕业后在金山软件工作，做到了CEO的职位，对互联网和商业模式有了充分的了解。后来成为天使投资人，因为非常喜爱琢磨手机，也发现当时的手机存在的一系列问题，遂决定自主创业，从2009年开始研发智能手机，当然，他关注的不只是手机这个硬件，而是手机作为移动互联网的一个载体带来的种种有价值的服务。

小米最初创建时就想清楚了“做什么，怎么做，找谁做”的问题，所以企业发展还比较顺利，按照投资人徐小平的话说，小米是“人类历史上达到百亿美元销售额、百亿美元估值的最快的公司之一。”

10.1.1 为什么在线品牌社群对小米很重要

小米的商业模式“思路清晰”，比如：用接近成本的价格销售手机，通过手机架构移动互联网平台，再做增值服务；再比如不通过渠道销售自己的手机，最大限度地降低手机的成本，提升手机产品的性价比等。

在诸多创新中，在线品牌社群成为小米创新产品、降低成本、打造最贴近用户产品的最好方式之一。小米的在线品牌社群是通过论坛、微博、微信、百度贴吧、QQ空间以及线下服务等多渠道，全方位地形成自己的影响力。

小米为什么要做在线品牌社群呢？其实这揭示了互联网时代的一个重要特征——“以用户为中心”，企业商业模式的演变大致经历了三个阶段，见表10-1。分为以产品为中心的时代、以渠道为中心的时代和以用户为中心的时代，“以用户为中心”是互联网时代企业发展的核心原则。在互联网时代，消费者可以通过各种社交媒体发出自己的声音，这些声音对企业研发新产品有重要的作用，最明显的是可以使企业避免闭门造车带来的风险。“以用户为中心”的互联网特征对企业的生产和销售模式产生了重要的影响，使做出好的产品成为企业必然的追求。

表10-1　企业商业模式演化的三个阶段

时代	主要特征	代表性案例
以产品为中心的时代	我卖什么，客户买什么	80年代的海尔冰箱，用户能够凭票买到一台海尔冰箱是一件非常开心的事情
以渠道为中心的时代	渠道有很强的营销能力，可以制定游戏规则	曾经的苏宁、国美等，可以滞后付款给制造商，因为渠道是营销的必要方式
以用户为中心的时代	互联网时代，用户的声音能够被及时反馈，用户决定自己要用什么样的产品，怎样使用产品	淘宝、京东平台的用户反馈和销量对新买家的决策产生重要的影响

通过在线品牌社群的运营，小米开发出许多应用性很强的新功能。小米曾经有一个手机话费充值的功能，是怎么想出来的呢？是小米的消费者在论坛上抱怨话费充值问题，负责开发的工程师感到这个抱怨很有价值，而且可以做，于是他就在一个周五的手机操作系统更新中增加了这个功能，到了下一个周二，消费者就会直接给出反馈，是否喜欢这个功能，如果喜欢，消费者可以给开发这个功能的工程师发“爆米花奖”，用一桶爆米花表示奖励。

所以，小米认为自己的核心竞争力是:“能不能持续提供最优的性价比和最好的消费体验给最终消费者。”小米在最初做MIUI的时候，实现了 50 万个消费者不通过市场营销和广告投入，基本上是靠在线品牌社群实施和扩散出去的，这对传统的营销渠道来说简直不可想象。

2014 年，小米被评为全球最具创新力 50 强企业的时候，雷军说过，小米的创新在于能汇聚几百万消费者的意见，每周对产品进行改进。他认为公司的商业模式是小饭店模式，老板跟每一个客户都是朋友。

10.1.2 在线品牌社群如何为小米创造价值——制造参与感

在整个价值链环节，小米的在线品牌社群都发挥了重要的作用，如图 10-1 所示。例如，MIUI的开发，最初确定基调的时间占 20% ～ 30%，但是与用户的沟通和不断迭代产品的时间占了 70% ～ 80%，MIUI的功能有 10%完全来自于用户的反馈。

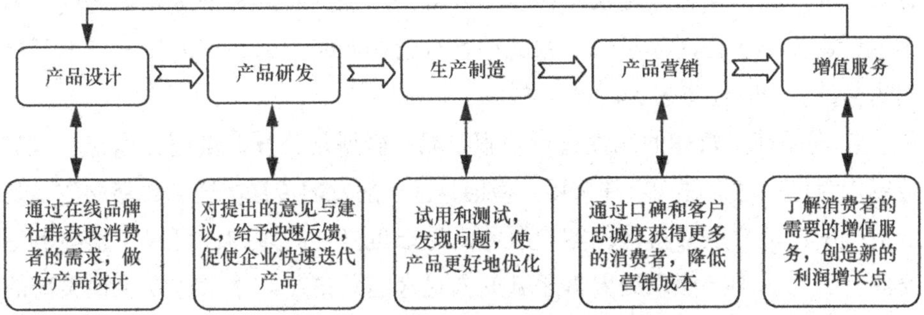

图 10-1　小米的价值链与在线品牌社群

由于在线品牌社群的重要作用，小米把在线品牌社群的运营做到了极致，如果总结为一点，就是小米的社群运营关注“参与感”，通过消费者良性的参与打造品牌，实现有效传播与运营。更重要的是，小米借助在线品牌社群将自身打造为一个创业平台，利用“参与感”的建设，小米与消费者经历价值共识、价值共享、价值共生和价值共赢四个阶段，实现了互联网背景下的价值共创，这是一个企业成长的不竭源泉。结合相关资料和信息，我们将小米的在线品牌社群运营如何打造“参与感”总结为三个核心构面，如图 10-2 所示。

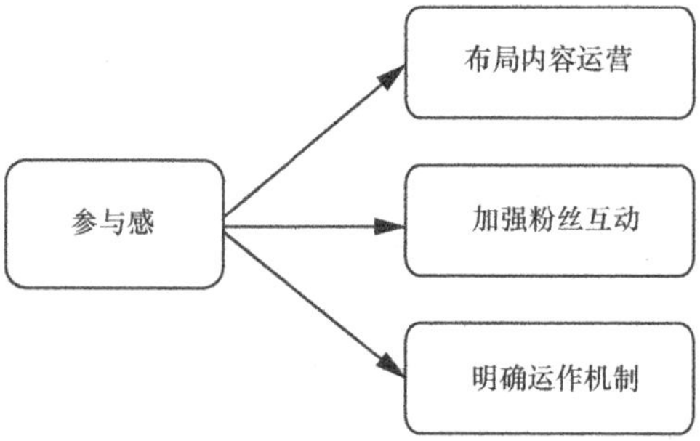

图 10-2　“参与感”核心构面

1. 布局内容运营

小米通过做内容而非做广告的方式来推广自家的产品，不只是单向输出信息，更重要的是通过互动的方式来运营内容。

① 多渠道运营内容。前面说过，小米使用多个渠道对自己的产品内容进行运营，包括论坛、微博、微信、QQ空间、百度贴吧以及线下粉丝见面会等方式。通过多角度和多层次与粉丝的互动，增加产品的美誉度和知名度。多渠道运营为小米构建起了一个强大的社交营销网络，为品牌的传播打下了坚实的基础，同时还省去了广告成本。

② 根据社交媒体的属性进行内容布局。微博是公开的渠道，适合一对多地宣传信息，适合进行事件传播。微信是基于朋友的传播渠道，传播的方式是一对一的，适合进行直接的客户服务。论坛也是一对多的，可以积累与沉淀粉丝，因此，小米使用经营俱乐部的方式来运营论坛。小米非常重视微博的运营，长期运营的话题由专人管理，并制作有趣的内容和适当的奖励，鼓励消费者转发。在QQ空间也使用事件营销的方式影响年轻人，找到好的事件

话题让年轻人点赞。这些内容布局是小米极致运用社交营销。

③ 创造话题进行事件营销。小米非常善于创造话题与粉丝互动，进行事件营销。2013 年，雷军成为中央电视台评选的“年度经济人物”，在颁奖礼上，雷军与董明珠开玩笑打赌，“赌注”为 1 元，“赌”的事情是小米在 5 年内营收超过格力，董明珠当时就将“赌资”提高到 10 亿元。于是，小米马上以该事件作为一个话题开展营销，邀请大家来围观，不管输赢，只要转发相关微博，就有机会抽奖送手机，结果有 63 万人参与转发。诸如此类的热点事件都会被小米营销，制造话题和热度，保持与粉丝的沟通。事件营销是对新闻的发酵与传播，尤其是在信息化社会，网络自带的时效性和广泛性容易让“事件”迅速进入大众的视野，并得到广泛关注，进而使品牌知名度迅速攀升。

④ 转发与产品相关的粉丝互动信息。当粉丝在社交媒体发表了关于小米产品的信息，如果小米认为这个信息是大部分用户关注的，而且有一定热度，就会选择转发，以不断保持与粉丝的联系，所转发的信息符合“有用、好玩、互动”的特点。这种做法体现了小米对消费者的尊重与认可，也体现了“以用户为中心”的内涵。

⑤ 寻找话题制造与粉丝交互的机会。通过小米开放日活动，组织专业人士、媒体记者、普通用户去参观代工厂的生产全过程，去物流中心参观从订单到拣货、打包的全过程。通过这种交互制造话题，促使用户更好地了解小米。此外，还通过“小米手机随手拍”的活动，请粉丝上传自己所拍摄的手机作品在平台分享。

2. 加强粉丝互动

① 粉丝细分。MIUI 是以论坛建立的在线品牌社群，群体的核心是小米的 100 多位工程师，其次是论坛经过人工审核的具有极强专业水平的 1000 个荣誉内测组成员，还有是 10 万个对产品功能改进很热衷的开发版用户，最后是 MIUI 的稳定用户。这些人在 MIUI 的更新迭代中都发挥了积极的作用。

② 重点关注铁杆粉丝。小米的创始人雷军是一个手机发烧友，据说他见到诺基亚的高级副总裁时给对方提出了 400 多条修改意见。因此，自己在做智能手机的时候，也拿出发烧友的态度来做产品。小米手机的铁杆粉丝是 20 岁～ 30 岁的男性，是狂热喜爱电子科技的人群。这些人群会通过试用产品，提出很多有价值的意见。当他们对产品的质量认可之后，作为产品使用的

“意见领袖”，会通过社交媒体将产品信息传播出去，从而影响一大批用户。小米最初的 100 个粉丝，是他们从第三方论坛一个个地“挖”出来的，按照小米的看法，100 个铁杆粉丝，最终可以影响 17 万消费者。铁杆粉丝其实就是那些忠诚的品牌消费者，这些人构成了营销“二八定律”中的那 20% 的人群。

③ 粉丝参与价值创造全过程。在 MIUI 系统开发的时候，除了工程代码部分，需求、测试和产品发布都让粉丝参与，粉丝试用后会及时提出意见，供工程师完善系统功能。当有多种系统改善需求时，可以通过粉丝投票的方式确定先开发哪些功能。功能上线后，粉丝可以对相关功能进行评估，工作质量由粉丝评分。如果认为功能满意，可以给工程师送出“爆米花奖”。产品上线后，粉丝也可以根据自己的使用情况，对产品进行吐槽，这些吐槽会成为下一步产品开发的依据之一。

④ 给粉丝及时反馈。有 7×24 小时的客服全天在线，热线接听的时间在 30 秒内，微博的反应速度 15 分钟，很多消费者遇到产品难题的时候，选择使用论坛反馈，可以直接@小米手机或者雷军，这些措施保证了消费者提出的问题有最快的回应。

⑤ 给粉丝更多优惠。帮助粉丝争取更多折扣，或者在产品非常热销时，帮助粉丝买到产品。小米有“F 码”（Friend 码），是内部员工可以为自己的亲戚、朋友或者粉丝争取到的福利。

⑥ 招聘粉丝参与运营。由于粉丝不仅懂小米的产品，也懂消费者的想法和需求，小米通过招聘粉丝来做运营的方式，为其他消费者提供更有价值的服务，同时，也使粉丝找到归属感。

3. 明确运作机制

小米在经营在线品牌社群的时候，还通过机制保障确保运营的顺利，具体如下。

① 工程师分组分模块解决功能问题。为了快速迭代产品，MIUI 的工程师使用分组分模块的方式工作，这样可以分组解决粉丝提出的问题分组，确保了解决的时间短、解决的效率高。

② 根据消费者反馈每周迭代更新。每周周五公布功能更新，消费者进行内测，下周周二提供评测结果。这样可以根据消费者的评测结果和反馈，快速迭代更新产品的功能。

③ 要求工程师定期“逛”论坛。小米要求工程师定期关注论坛和其他自媒体以及时了解消费者给出的反馈，起初工程师对这样的要求不以为然，觉得自己对开发有自己的想法，如果总是按照消费者的要求来做，显得自己太低端了。但是碍于公司的要求，只能不断去浏览论坛留言版块，结果在浏览论坛的过程中发现了许多改善功能的好建议，也就开始保持这个传统了。

④ 客服部门及时向研发部门反馈问题。客服部门与研发部门的距离很近，便于客服及时将所收集到的消费者诉求反馈给研发部门。

10.1.3 粉丝为什么愿意参与在线品牌社群的互动

看到小米的在线品牌社群运营，读者可能不禁要问一个问题，粉丝为什么愿意深度参与到小米的工作中？

社交媒体时代的互联网最大的特征是用户可以自己生成很多内容，这些内容不仅会影响其他用户，也改变了商业的游戏规则。因此，在社交媒体时代，互联网用户已经深度参与到内容生成的过程中，那么在没有任何物质激励的前提下，为什么会有人愿意花时间、精力去生成内容呢？我们想对这个问题进行一个解读，因为了解“粉丝”或者用户为什么愿意深度介入公司的价值链中，才能更好地运作社区。

① 兴趣。有些人是手机发烧友，对手机的软硬件有兴趣，愿意去琢磨，愿意提出自己的看法。

② 成就感。当自己提出的意见得到了采纳，看到自己的想法变成现实，并且给其他手机用户带来方便的时候，会有很强烈的成就感，因为自己得到了专业人士的认可。

③ 成长。在参与的过程中，自己也学到了东西，更深入地了解某一个产品和功能以及对某个产品有了更多的兴趣。比如：小米将部分粉丝变为自己的员工，就使得粉丝看到自己的成长与发展。

④ 被尊重与被信任的感受。可以通过互动在社群帮助到其他粉丝，尊重需要得到了满足。

⑤ 社交与情感的需要。首先，用户贡献了自己的意见后，对这个产品产生了情感和期望；其次，能够跟志同道合的人一起讨论和互动，也能够满足

社交的需要。

充分了解粉丝的诉求，才能更好地运营在线品牌社群，确保社群最后保留的都是活跃用户。

其实，上述五个方面从本质上说都是“以用户为中心”的具体体现。社群经济以消费者为中心，充分展现了对消费者的关注与尊重。小米通过在线品牌社群将消费者从分散聚合为社群，然后经过社群运营使社群释放出巨大的集体智慧与力量，引发了营销领域的深刻变革：从“泛消费者群体”转变为真正意义上的消费者群体、从针对消费者个体的营销转变为针对群体的营销、从“信息生产—信息传播”到“内容生产—内容分享”，最终通过价值共创来实现自身在互联网时代的生存与发展。

10.2 罗辑思维：知识付费领军产品

“罗辑思维”由罗振宇创办于2012年，是国内一家知识服务商和运营商，主讲人也是创始人罗振宇。“罗辑思维”旗下产品包括微信公众订阅号、知识类脱口秀节目——“罗辑思维”、知识服务App——得到App，主要服务于“80后”“90后”对知识与求真有强烈需求的都市年轻群体。2016年，罗振宇出了一本书《罗辑思维：我懂你的知识焦虑》，在这本书里，他系统地阐释了读书和改变思维方式的重要性，可能这也是罗辑思维的卖点吧！因为客户有知识焦虑，所以应该买罗振宇的读书产品，这样才不会被时代所淘汰。

作为一个卖知识的平台，“罗辑思维”的定位是“做大家身边的读书人”。在经营的过程中，“罗辑思维”通过微信公众号、得到App、微博、百度贴吧、喜马拉雅、豆瓣、优酷、QQ以及线下运营等多种方式，形成了自己的在线品牌社群，与小米的在线品牌社群不同的是，“罗辑思维”是一个知识型社群，社群里的粉丝是以学习知识为目的而构成的一个共同群体，当然除了学习之外，也具备社交属性，而且一些学习本身就是基于社交的。

人们认为“罗辑思维”的商业模式成功的关键要素有三个，分别是内容、社群、品牌。社群是“罗辑思维”成功的重要因素，“罗辑思维”社群由罗振宇为代表的核心团队、铁杆会员、亲情会员、“罗辑思维”用户及一些合作企业构成。“罗辑思维”的主要流量来源于移动端的微信公众号，最初依靠志同道合的铁杆粉丝，后来积极转型社群自媒体的商业模式。通过对文献和“罗辑思维”运营情况的分析，我们将“罗辑思维”的在线品牌社群运营的主要特征总结为以下三个方面，如图 10-3 所示。

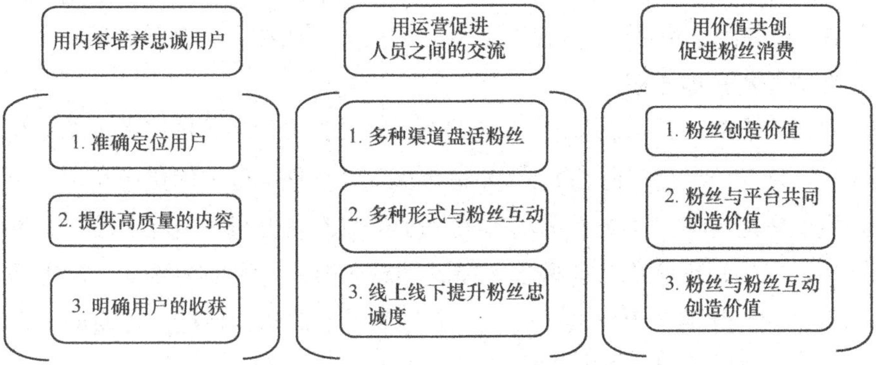

图 10-3 “罗辑思维”的在线品牌社群运营模式的主要特征

10.2.1 用内容培养忠诚用户

作为知识型社群，“罗辑思维”的粉丝称为“罗友”，在打造优质内容和经营“罗友”方面，“罗辑思维”有很多独到之处。

1. 准确定位用户

“罗辑思维”从创建的时候起，就把自己定位为目标用户“身边的读书人”“为大家读书”“大家身边的读书人”。因此，“罗辑思维”的理想用户群是对知识有强烈渴求的“80 后”“90 后”，他们年轻、有活力、有想法、积极进取，希望通过学习拓展自己职业生涯发展的空间。一旦有了准确的定位，不仅企业可以更有针对性地打造产品，社群成员也能够更好地进行互动。成员知道与自己在同一社群的成员都具有类似的特征，这就带来了一种天然的安全感和归属感，也便于创造更多互动的话题。

2. 提供高质量的内容

罗振宇自己推出的各种知识覆盖了广泛的内容，包括天文、地理、政治、经济、历史和社会等各方面的内容，不仅提炼知识的精华，还使用案例和故事的方式促使内容通俗易懂，能够被大众所接受。

“罗辑思维”提供的内容不仅可以填补知识的空白，还具有时效性和趣味性，同时推送的内容不仅包括语音，也包括文字形式，便于用户使用多种方式学习。罗振宇给自己打造的形象是“死磕自己、愉悦大家”，以此证明他能够给用户带来好的内容，这一表态为他塑造了一个要为大家创造优质知识产品的有情怀的个人形象，也使得他成为优质内容的代言人，这进一步增加了粉丝的好感。

3. 明确用户的收获

罗振宇卖的是“知识焦虑”，虽然对卖“知识焦虑”的批评声不断，我们倒是觉得这是一个挺好的词汇。“知识焦虑”至少把年轻人的焦虑给定义出来了，也试图通过引入学习产品的方式帮助年轻人减少知识焦虑，是一个不错的选择。在“知识焦虑”前提下，提高优质的知识内容成为需求，这也是催生知识付费产品的一个因素，引入人们认为付费的知识往往是优质的，且可以降低自己寻找知识的时间成本。

现在的年轻人大多面临着较大的职业生涯发展压力，都知道“逆水行舟不进则退”的道理，但是怎么做到既工作又学习，还能够保证生活质量，知识要垂手可得，还得容易理解和消化吸收，“罗辑思维”的产品是能够满足客户的需求的。试想，一个人在上下班的路上就能够通过听音频的方式获取最近、最新的资讯，或者能够学习一点职场技能，虽然很难说这些碎片化的知识到底有多大的影响，但是至少可以减轻年轻人的焦虑。

罗振宇通过明确用户收获的方式，俘获了大批年轻人的心，使得用户在加入社群的时候就知道自己想得到什么，怎样得到，对社群有明确的期望，这样，在社群运营的过程中，企业能够与社群人员很好地互动，有利于促进人员之间的交流。

10.2.2 用运营促进人员之间的交流

1. 通过多种渠道盘活粉丝

罗振宇早期通过视频网站推广自己的内容，每天通过微信和微博与粉丝互动，坚持每天推送 60 秒的微信语音，每年进行跨年演讲，通过得到 App 推送更多的信息与内容。通过多种渠道大范围地覆盖了目标客户，不同媒体之间产生了共振效应，粉丝很容易收到来自“罗辑思维”的种种信息。

到了2015年，“罗辑思维”的渠道更进一步从视频网站、微信公众号和微博扩展到微信小店、手机App、百度贴吧和跨年晚会等多种渠道，多种渠道的运营，更是让“罗辑思维”的内容成为粉丝垂手可得的信息。

2. 通过多种形式与粉丝互动

起初，“罗辑思维”有自己的会员体系，每年招募一次会员。得到App上线后，又开始招募付费用户。“罗辑思维”与用户之间的互动方式很多，在微信公众号上，平台通过会员互动专区、“领嫁妆”和“会来事”等板块，不定期地向用户推送各种福利。同时还设计了众筹、团购、“领嫁妆”等环节，通过给予奖励的方式来增加互动，调动粉丝的积极性。

3. 通过线上、线下多种方式提升粉丝忠诚度

“罗辑思维”不仅做线上产品，也通过线下互动的方式盘活粉丝。通过与商家合作，为“罗友”争取福利，享受到福利或者买到优惠产品的粉丝，又会在分享自己的社交平台或者“罗辑思维”的在线品牌社群中，进一步扩大“罗辑思维”的产品价值。此外，“罗辑思维”还通过线下巡回演讲、线下沙龙的方式与粉丝互动，让粉丝与粉丝之间产生互动，给粉丝带来了强烈的融入感。通过一系列操作，粉丝能感受到该品牌社群所创造的价值，忠诚度会不断攀升。

10.2.3 用价值共创促进粉丝消费

互联网时代，企业发展的一个主要方向就是价值共创，这一理念已经在企业界与学术界获得充分的肯定与实践。一群志同道合或者有共同兴趣的人组成了社群，群成员之间的关系是互惠互利，互动的方式是自发的，这些条件为在线品牌社群中的价值共创创造了条件。“罗辑思维”显然很好地利用了社群的这一特征，让粉丝可以自发创造价值，并与企业合作创造价值。

1. 粉丝通过平台创造价值

当粉丝可以通过平台为自己创造价值的时候，他们的满意度和忠诚度无疑会大幅度提高。“罗辑思维”的微信公众号有一个栏目叫“会来事儿”，粉丝们可以通过这个栏目向其他粉丝展示自己的产品和技能，以此与其他“罗友”建立有效的联系，共同创造价值。“罗辑思维”为所有的“罗友”创造了一个相互沟通和交流的平台，这就会增加“罗友”的黏性，也会增加“罗友”们的在网时间和互动频率，使得社群发挥更大的价值。

2. 粉丝与平台共同创造价值

“罗辑思维”动员粉丝从自己提供的服务和产品中创造价值。有一个叫“分答”的平台就是“罗辑思维”所做的尝试。分答的方式是，如果有人提出了一个问题，得到了业界精英的回答，而其他人也对这个问题感兴趣，那么他们需要花一元钱来“偷听”，偷听的钱一半给平台，一半给提问者，这样提问可以创造价值，平台也可以获得价值，这是“罗辑思维”与粉丝合作共赢的一种方式。

“分答”在2016年还是吸引了不少人的关注的，笔者注意到认识的好几位大咖，都纷纷使用“分答”回答粉丝提出的问题，还会关注是不是有很多人来“偷听”自己的回答。但是2017年后使用“分答”的人逐渐减少，也说明这个产品可能没有很好地消除客户的痛点，不能满足客户的需要，但是这种粉丝与平台共同创造价值的模式是非常值得借鉴的。

3. 粉丝与粉丝互动创造价值

由于社群经济的主要特点是自动自发，所以“罗友”也可以通过相互之间的互动创造价值，如粉丝组织的线下课程，通过一起学习，相互交流，建立更深入的联系，彼此互动，链接资源，创造价值。

10.3 互联网厨具：一台会社交的烤箱

我的一位学生M先生，选择在2015年从国企离职，下海创业。他做的是什么呢？竟然是一台互联网烤箱。说到烤箱，大家应该都不陌生，烤箱已经是大部分家庭的基本厨具了，因此，这应该仅仅是一个传统制造业的产品。但是我的这位学生引入互联网思维和社群思维去做这台烤箱，两年的时间就融资6000万元。

那么，他是怎样通过互联网思维和社群思维得到诸多投资人的青睐，并获得产品成功的呢？总结来看，可以从如图 10-4 所示的几个方面进行分析。

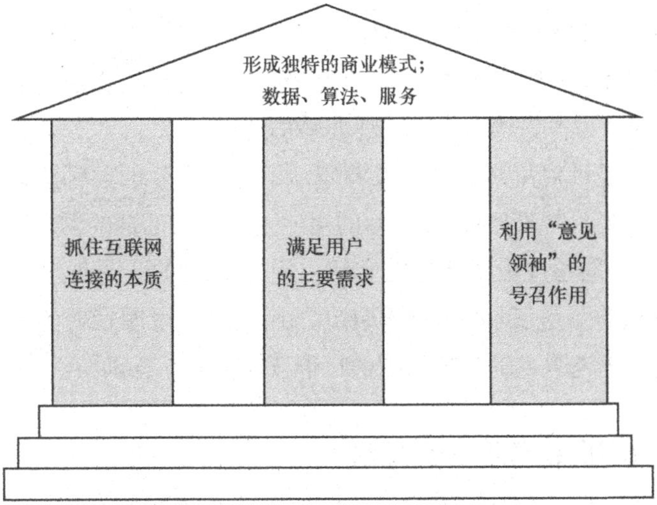

图 10-4　一台互联网烤箱的商业逻辑

10.3.1　抓住互联网连接的本质

一般来说，烤箱的功能定位是做饭和烧烤，但是烤箱是不是也可以具备社交功能呢？M先生设计的烤箱里面有一个摄像头，摄像头满足以下三项功能：首先，从烤箱内拍摄食物烘焙的过程，实时监控烘焙效果；其次，可以在烤箱内部拍出特定角度的食物烘焙照片，这些照片是在烤箱外无法拍摄到的，如果将这些照片发到朋友圈，效果非常震撼；最后，烘焙结束后，可以自动生成延时的小视频。所有的一切，不仅可以让食物的烘焙过程变得简单，还可以用于将小视频或者照片发朋友圈，发各种社交媒体，这样烤箱就具备了连接人与人的作用。

在烤箱设计摄像头的基础上，还开发了基于App的烧烤社群。在App上，有美食达人分享自己使用该烤箱做菜的视频，供烘焙爱好者和新手观看评论；有各种资深美食家上传的食谱，供大家学习；当然，也有爱好者和新手分享自己根据食谱做菜的成功与失败经验。App成为连接所有使用该款烤箱用户的社群，该社群给大家所提供的后期服务与社交价值，提升了客户的满意度，也进一步增加了客户的黏性。

为了确保App使用容易上手，烤箱和App内置了5000多个菜谱，可以实现一键完成烹饪过程，同时还可以跟作者互动，交流教烘焙经验，这样简单易行，能够给用户带来良好的体验，同时通过互动和社交还能够学习到更多的经验，不仅可以烹饪美食，厨艺还能够得到成长。

M先生曾经针对用户做了一次调研，了解用户是通过哪些渠道了解本公司所生产的烤箱，结果显示：21.5%的用户是通过微信群的群友了解到产品信息，18.2%的人是通过微博博主的介绍，还有9.9%的人是通过微信朋友圈了解到产品信息的，这三项的比例和接近50%，这也说明社群的传播力量是很大的，也进一步说明M先生所采取的社群营销策略是正确的。

10.3.2 满足用户的主要需求

在前面的若干章节，我们都提到了马斯洛需求层次理论，实际上，一个产品如果只满足用户的某一个需求显然是不够的，好的产品应该能够满足消费者的多种需求，如图10-5所示。

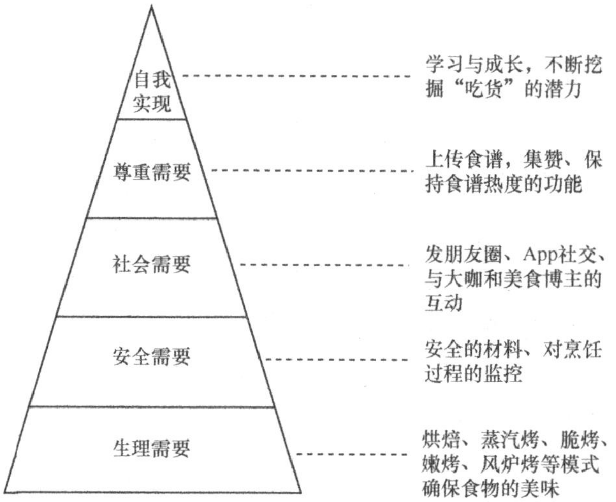

图10-5 马斯洛需求层次理论与烤箱

满足生活需要是烤箱的基本功能，烤箱的首要作用是烘焙食物。M先生设计的烤箱不仅可以烘烤，还增加蒸汽烤，保持了食物的水分，食物更加鲜嫩。在此基础上，还使用了脆烤、嫩烤等模式，确保可以使用多种方式烘焙食物，保证食物的美味。即使在满足生理需要方面，也需要通过创新功能提升客户的满意度。

通过优质的材料满足安全需要。M先生设计烤箱时，考察了烤箱市场常用的材料，发现存在的安全问题包括烤箱门使用的玻璃会炸裂，烤箱内部的不锈钢材料会污染等。于是，他在设计烤箱的时候，尽可能地使用更安全的材料，保证烤箱安全。当然，烤箱内置的摄像头也有监控功能，也提升了烤箱的安全水平。

所以，M先生设计的烤箱还需要满足社会需要。使用的方式就是通过App建立社群，烤箱自带的摄像头可以拍摄小视频发到朋友圈，App具有上传、下载、使用和评论的功能，这些都能够满足消费者的社交需要，不仅企业与消费者可以建立连接，消费者与消费者之间也可以建立有效的连接。

在尊重和自我实现需要方面，所有的用户都可以上传自己的食谱，供其他用户使用，用户使用后还有点赞或者发表评论的功能，所有使用量高的食谱热度会很高，排名很靠前，那些贡献了食谱的用户就会有很高的成就感。同样，“手残党”如果使用食谱做出了美味的食物，也会有很强烈的成就感，并且愿意与人分享自己取得的成果。从自我实现的角度来看，用户可以挑战自己的“舒适圈”，不断学习和尝试新的菜品，得到新的经验，学习与成长就成为他们自我实现的一种方式。

因此，烤箱不仅是一个厨具，还是一个社交与成长的工具。

10.3.3 确保社群的粉丝分层分级

M先生的烤箱社群成立后，对粉丝进行了分层分级的管理，如图10-6所示。

核心用户是那些“意见领袖”，M先生邀请了美食达人、美食博主入驻自己的App，同时还邀请业界达人为自己的App和烤箱背书。美食博主和美食达人将自己的食谱上传到App，并定期维护、更新、解答用户使用中遇到的问题，与粉丝互动，形成良性循环。

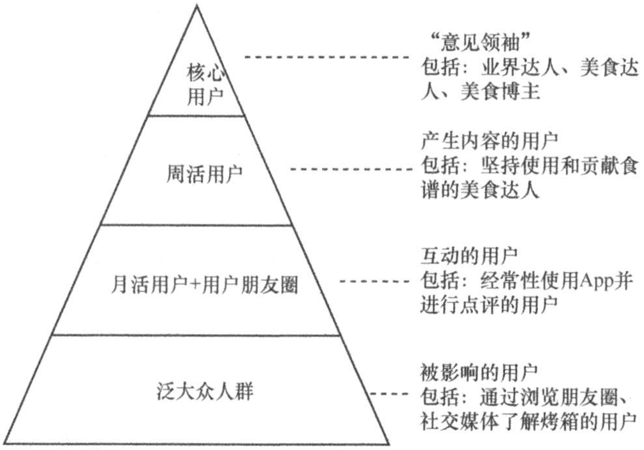

图 10-6 烤箱粉丝的分层分级

周活用户是那些产生内容的用户，他们可能是家庭主妇，也可能是爱美食的小仙女，他们会坚持使用App，并贡献更多菜谱，并保持一定的活跃度。他们贡献的菜谱可能比较家常，但是会使得大众用户对自己的烹饪有信心，由于他们有时间又有兴趣，所以是社群的重要用户。

有些用户不具备贡献内容的能力，但是坚持使用烤箱和App的菜谱，在社群发问和点赞，并且会把自己的成果发到朋友圈。这些用户的数量很大，由于他们坚持使用，使得社群的活跃度比较高。

最后是泛大众人群，可能他们目前并不经常做饭，但是有下厨的想法，朋友圈可能就是一个重要的触发点，看到朋友发的美食图片或者小视频，他们会受到触动，产生购买M先生设计生产烤箱的想法。他们也有可能会通过社交媒体关注的名人产生购买的意愿和冲动。

对社群的用户进行分类的优点有两点：一是减少了管理成本，M先生只需要与核心用户建立联系，同时关注周活用户就能够实现对用户的有效管理；二是社群可以实现自组织，核心用户是“意见领袖”，它具有风向标的作用，周活用户产生内容，月活用户贡献热度，大家各司其职，自然会井井有条。

10.3.4 形成独特的商业模式

如果大家以为做好一只互联网烤箱是M先生的追求，那就错了，其实前面的一切都是M先生的布局。M先生做安全的烤箱，做功能更全面的烤箱，在烤箱里安装摄像头，做社群等一切的最终目的是什么？

烤箱有传感器，能够实时传输用户的烹饪数据，什么时候烹饪，烹饪了哪些菜肴，如何使用烤箱，使用了哪些按钮，看了哪些菜谱，关注了哪些美食博主等数据，都会传输到M先生的App平台的后台。这样，他们就可以对海量的数据进行分析。这些数据有以下三种用途。

① 对烤箱产品的优化设计。根据用户的数据，可以对烤箱进行进一步优化，确保烤箱能够更好地贴近用户的需求。

② 对App进行优化设计。分析用户使用菜谱的情况，不断实时更新菜谱，淘汰使用频率低的菜谱等。

③ 拥有了这些数据，App就可以成为一个平台，在这个平台上，M先生知道哪些食物和烹饪材料受到欢迎，在何时受到欢迎，他就可以进一步与供应商联系，为用户提供更多、更好、更便宜的食材和烹饪工具，平台也能够创造更大的价值。

一旦这个商业闭环被构建起来，这个公司就拥有了很强的核心竞争力，它不再是一家生产烤箱的公司，而是一家以烤箱为抓手的平台型企业！

参考文献

[1] 刘润. 互联网+：小米案例版[M]. 北京：北京联合出版公司，2015.

[2] 皓默烨，杨捷. 打造新型主流媒体的关键：“以生产为中心”转变到“以用户为中心”[J]. 太原师范学院学报(社会科学版)，2018，17(3)：92-96.

[3] 周文辉，陈凌子，邓伟，周依芳. 创业平台、创业者与消费者价值共创过程模型：以小米为例[J]. 管理评论，2019，31(4)：283-294.

[4] 康红蕾. 移动互联网时代品牌营销特点及变革路径[J]. 商业经济研究，2018(18)：56-58.

[5] 周子扬. 事件营销对品牌形象的影响分析[J]. 商场现代化，2018(23)：41-42.

[6] 黎万强. 参与感：小米口碑营销内部手册[M]. 北京：中信出版社，2014.

[7] 张苗苗. 时政新闻的互动传播研究——浅析澎湃新闻的用户生成内容[J]. 声屏

世界，2019(10)：14-17.
[8] 程明，周亚齐. 社群经济视角下营销传播的变革与创新研究[J]. 编辑之友，2018(12)：20-26.
[9] 吴超等. 基于社群经济的自媒体商业模式创新——罗辑思维案例[J]. 管理评论. 2017，29(4)：255-263.
[10] 王媛. 罗辑思维社群电商发展模式研究[J]. 中国市场，2017(34)：144-147.
[11] 陈三玲. 社群经济视角下自媒体的营销策略——基于“罗辑思维”的分析[J]. 青年记者，2015，5(1)：27-35.
[12] 宋晓群. 知识服务型平台营销策略研究[D]. 济南：山东师范大学，2019.
[13] 张妮. 知识付费产品的运营策略与发展反思[J]. 中国报业，2019(16)：12-13.
[14] 姜尚荣，乔晗，张思，刘颖，胡毅，徐艳梅. 价值共创研究前沿：生态系统和商业模式创新[J]. 管理评论，2020，32(2)：3-17.
[15] 陈慧，杨宁. 社会网络视角下在线品牌社群价值共创机制研究——客户契合的中介作用[J]. 中国流通经济，2019，33(9)：103-113.

未来篇

第11章 对社群未来的展望

德国社会学家费迪南·滕尼斯在《共同体与社会——纯粹社会学的基本形态》一书中将人类社会的群体划分为“共同体”和“社会”两种。“共同体”将共有的、有约束力的思想信念作为一个共同体的意志，其概念倾向于传统农耕社会的社群类型。由于家庭和工作固定在同一地理位置，社群形成以血缘、地缘、邻里作为主导因素，社群成员之间情感共鸣强烈、彼此关系紧密。“社会”是一种基于个人理性选择的社会关系，是一种通过管理和规则联合起来的集合，是独立的，相互之间对内部没有影响。“社会”更倾向于工业化初期的群体类型，城市和工厂的出现使生活与工作场所开始分离、社群地域范围不断扩大、成员间亲密程度降低。费迪南·滕尼斯的观点很好地说明了人类在步入互联网社会之前的社群形态。

互联网的出现给人际传播与群体传播带来了深远影响，也重塑了社群的表现形式与聚合方式。步入互联网时代，互联网社群成为传统社群的补充出现在人们的视野中，发展至今，互联网社群大致可以划分为三个阶段：社群1.0以基于互联网的人群聚集、信息沟通为核心目的；社群2.0是基于相同兴趣形成的陌生人社群，在熟人社交之外，陌生同好成为常态；社群3.0以连接一切为目标，它不仅是人的聚合，更是连接信息、服务、内容和商品的在线载体。

社群的发展和演化还在继续，或将永不停止。了解过去，把握现在，展望未来是做事的基本准则。那么，在未来的时间里，社群的发展将何去何从？我们认为发展的趋势可以用三个字概括：“精、细、小”。

11.1 趋势一：社群越做越“精”

随着社群的耕耘逐渐深入，企业要想通过社群创造价值，必须越做越“精”。在这里，“精”的含义有两个，一个是构建生态系统，另一个是构建社群电商。

11.1.1 社群需要构建生态系统

生态系统是指自然界中的一定空间内，各类生物之间、生物与环境之间形成的一个统一体。在这个统一的整体中，各个主体之间相互联系、相互影响、相互制约，从而在一定时期内处于相对稳定的动态平衡状态。生态系统的范围可大可小，相互交错。最大的生态系统是生物圈，最复杂的生态系统是热带雨林，人类则生活在以城市和农田为主的人工生态系统中。生态系统是开发的，为了维持自身的稳定性，需要不断输入与输出，否则就有崩溃的风险。商业社群要想保持持久的生命力，也需要具备生态化和开放性，将传统的竞争转变为共生。

社群发展大致有三个阶段：消费者社群化、社群品牌化、品牌生态化。要想发展社群经济，首先企业要实现社群化运营，把现有资源充分结合和利用起来。每一个消费者背后都有一个圈子，在社群经济思维下，企业要做的不仅仅是把消费者连接成一个群体，还可以把每个消费者背后的圈子进行链接，这种链接就是对消费者的社群化运营。

一个不断进行社群化的时代，就是一个“跑马圈地”的时代，你的消费者很可能被别人锁定，成为别人圈子里的人。在这种情况下，企业需要将社群品牌化，使社群成为用户所忠诚的品牌，增加消费者成为别人圈子的成本，这就是社群的品牌化，当前，小米社群是一个范例，小米社群已经成为小米公司一个重要的品牌，聚集了大量小米的忠实消费者。

社群品牌化后，所有的社群就需要进行品牌生态化，即社群与社群之间的生态化。没有任何一个群体、任何一个企业、任何一个品牌可以把所有的产品做好，商业主体之间一定要形成一个圈层式的、生态化的、相互流通、相互受益的社群联合体，而不是相互竞争的对手。例如，两个竞争品牌的社群，一个社群有10万人，另一个社群也有10万人，要是这两个社群能够相互导流，而不是相互独立，或许从长期来看，两个品牌的消费者一定不止10万人。

从竞争逻辑转变为共生逻辑，社群和社群之间、企业与企业之间不再是竞争关系，而是协作共生关系，这种共生关系就形成了生态化的运营，生态化运营的典型代表是平台—社群商业模式。在互联网背景下，平台—社群商业模式是企业与外部环境进行价值共创的商业模式，由平台、社群和界面三部分构成：平台一般为主动实行平台化或部分平台化的企业；社群是与平台进行价值共创的广泛群体；界面是平台与社群进行交互的场所，可以由平台、社群或第三方企业组织、各个部门持有。当前，国内成功的平台—社群商业模式包括海尔平台组织模式、小米网络社群和猪八戒众包模式等，这些案例为中国企业的平台—社群商业模式的发展提供了宝贵经验。

案例：海尔开放创新平台

海尔是目前中国一家享誉海内外的家电品牌。在互联网时代，海尔逐步从传统制造家电产品的企业转型为面向全社会孵化创客的平台。海尔颠覆传统企业自成体系的封闭系统，将自身打造为资源网络中的节点，互通互联各种优质资源，打造共创、共赢的创新平台，实现了平台中各方共赢。

HOPE（Haier Open Partnership Ecosystem）是海尔研发成立的开放式创新团队，是业界尝试开放式创新探索的典范，致力于打造全球最大的创新生态系统和全流程创新交互社群。HOPE通过整合全球一流资源，为企业、个人解决创新资源约束和促进企业、个人持续产出创新成果提供帮助与支持。创新合作人以开发式创新为黏合剂，搭建一个由技术研发人员和创新者组成的资源网络，让创新者思想碰撞、知识碰撞、资源自由流动，最后实现资源匹配与对接。

信息互动、资源共享以及社群智慧在增加了创新者创新动力的同时，也为创新者创新成功提供了一条捷径。海尔开放创新平台从本质上就是一个社群，且这个社群已经具备了开放式创新生态系统的内在运作机制。

11.1.2 通过社群电商盘活资源

社群电商不是对传统电商与移动电商的颠覆，而是对二者的延伸与升华，它是一种商业意识形态的觉醒，是社群经济线上的表现形式。社群电商是一套用户管理体系，通过用户的社群化充分激活企业的潜在用户，它摒弃了传统的用户管理方式，将每一个单独的用户通过社交网络进行社群化改造，利用社会化媒体工具充分调动社群成员的活跃度与宣传力。在线社群与电商发展的结合具有以下必然性。

① 社群背后都是用户，是流量的集中地。社群本质上都是人群的聚集，而人群聚集的地方往往是流量和注意力高度集中的地方。电商产业的整合环节中，流量具有关键作用，有了流量才有知名度和交易。近年来，流量的获取越来越困难，企业获取新用户的成本居高不下，社群是天然的流量的聚集地，这是社群与电商能够结合并快速崛起的主要原因。当然，如果社群电商卖的产品和社群用户的品位与格调不符合，会导致用户流失。

② 社群每天都会产生大量的内容和互动，内容和互动对用户来说具有很好的黏性和吸引力。无论是小红书、微博、知乎、抖音等，每个有影响力的App背后，都是人群的聚集，都可以看做是一个社群，这些社群抢占的都是用户有限的注意力。社群的人气越高，价值往往也越大。以用户聚集和内容生成的社群，天然具有良好的吸引力和黏性，用户愿意为社群付出更多的时间和注意力，如把时间和精力花在看抖音视频和刷微博上。

③ 社群天然对用户有更强的连接能力。社群中重要的一个连接点是价值观，社群成员往往因为具有共同的目标和价值观而聚集在一起，天然具有更强的连接属性。因此，“社群+电商”的社群电商面对的经常是一些信任感和黏性很强的用户，如果再结合线下社群，离用户会更近，会更具真实的信任感。这就是为什么社群团购这种结合社交、在线社群、线下社群的电商形态在这两年能够快速发展起来。

④ 社群电商符合消费分级与消费升级。当前是一个物质丰富、信息过载的时代，消费者面临多样化的选择，甚至经常遇到选择困难症。消费者除了要追求更好的东西，同时也追求那些能够表达自我意识的个性化产品。因此，

消费升级与消费分级已经是明显的趋势，也是同时存在的趋势。

社群本质上是不同人群类别的聚集，正所谓“物以类聚，人以群分”。而社群电商便是针对不同人群的需求提供不同的品牌和个性化服务，这是消费分级背景下必然的趋势。如对一杯需要排队才能购买的喜茶与一瓶康师傅红茶，“70 后”和“80 后”、“90 后”与“00 后”在值不值得买的问题上一定会有不同的选择和答案。电商本质上是消费，消费则是一件非常个性化的事情。尤其是在物质丰富的今天，这是新兴品牌和渠道都在主动建立用户社群的原因。

11.2 趋势二：社群越做越“细”

11.2.1 社群需要关注用户体验

在互联网时代，最高效且最廉价的传播方式是口碑传播。2019 年下半年的电视剧《庆余年》之所以能产生如此大的影响力，就在于它具有良好的口碑。在线品牌社群中成员是天然的口碑传播者，因此企业需要不断激发这些用户的参与度、积极性和创造力，在满足这些用户需求的基础上就能做好口碑营销，而这种宣传方式可以说是成本最低的方式。

体验经济不是一个新名词，传统的体验经济强调消费过程中的服务体验，而服务体验已经处于消费链的下游环节。社群经济使体验经济发生了质的飞跃，强调消费者的体验要渗透到生产、营销和消费等多个环节。消费者追求体验是为了追求全面的自我，在这个过程中，消费者会由于消费实践而产生真实的心理感受与情感反应。因此，社群经济中的消费体验需要涵盖产品功能体验、消费场景体验和消费情感体验等全方位的消费体验，为消费者创造更加全面、完整的消费体验，使消费者对自己的购买行为充满信心与热情。

在产品功能体验方面，包括消费者在核心功能、交互功能、细节设计和个性功能等方面的体验。例如，当前深受各个年龄段人群喜爱的微信就很好地满足了用户的产品功能体验，联络、点赞、评论、转发和分享等功能浑然一体。

在情感体验方面，是诸如“罗辑思维”、小米之家、酣客公社等自媒体平台极为重视的消费体验，主打情感牌，以情感认同来聚集用户，只有满足了用户的情感需求，为用户创造独特的情感体验，才能获得用户的持久忠诚。

在消费场景体验方面，根据用户所处的特定场景提供精准化营销和服务对企业来说是十分重要的。利用大数据和现代定位技术，企业可以通过网上商城做到为用户提供从产品信息传播介绍到支付的一体化服务，为用户创造消费场景的同时也节约了用户的消费成本。

总而言之，在体验经济的背景下，品牌与消费者之间的沟通成本不断下降，依托互联网技术，品牌信息传播的范围被无限扩大，传播速度也极大提高，消费者能轻而易举地获得产品信息，从而掌握了购买的主动权和品牌口碑的话语权。在这种情况下，产品的消费体验就显得尤为重要，只有为消费者提供优质消费体验的企业与品牌才能获得市场的欢迎。社群经济的发展改变了传统商业链的诸多环节，使商业模式由以企业为中心转向以用户为中心，但这仅仅处于萌芽阶段，未来很长一段时间，依托于以用户为中心的社群经济中的消费体验都应当是一个重要的商业话题。

11.2.2 社群需要关注个性化群体

未来，社群越来越细的一个重要表现形式就是必须细分用户群体，针对用户的个性化需求进行运营和管理。

以女性为例，女性是不能被忽视的力量，她们尝试去做微商、做兼职、开淘宝店。女性是现代社会中重要而又特殊的角色，女性身份下的品牌社群为女性拥有平等的话语权提供了前提条件，更加切合女性想要发出的真实声音的需求。

社群运营讲究的是一个感性的运营，这和男性的思维是相悖的，男性大多比较直接、理性，而女性在社群运营中更加柔和，和人沟通更有耐心。相比女性，男性成为社群领袖的难度更高，比如男性往往有自己的想法，以自我为中心，这样很难去链接到他人，而付出与利他是社群运营的重要原则，做不到这点就很难得到成员的信任，得不到信任自然不能获得长久的支持。男性在社群中更加适合当一个具有内容输出能力的关键“意见领袖”，而女性在社群中则更适合做一个服务型的社群领袖。